石油石化职业技能培训教程

水质检验工

（下册）

中国石油天然气集团有限公司人事部 编

石油工业出版社

内 容 提 要

本书是由中国石油天然气集团有限公司人事部统一组织编写的《石油石化职业技能培训教程》中的一本。本书包括水质检验工技师应掌握的基础知识、专业知识及技能要求，并配套编写了相应层级的练习题。

本书既可用于职业技能鉴定前的培训，又可用于员工岗位技术培训和自学提高。

图书在版编目(CIP)数据

水质检验工. 下册 / 中国石油天然气集团有限公司人事部编. —北京：石油工业出版社，2019.5
石油石化职业技能培训教程
ISBN 978-7-5183-3046-1

Ⅰ.①水… Ⅱ.①中… Ⅲ.①石油加工厂-工业用水-水质监测-技术培训-教材②天然气加工厂-工业用水-水质监测-技术培训-教材 Ⅳ.①TE685.3

中国版本图书馆 CIP 数据核字(2018)第 261733 号

出版发行：石油工业出版社
(北京市朝阳区安华里2区1号楼　100011)
网　　址：www.petropub.com
编辑部：(010)64251682
图书营销中心：(010)64523633
经　销：全国新华书店
印　刷：北京中石油彩色印刷有限责任公司

2019年5月第1版　2021年1月第2次印刷
787×1092毫米　开本：1/16　印张：9.75
字数：230千字

定价：60.00元
(如发现印装质量问题，我社图书营销中心负责调换)
版权所有，翻印必究

《石油石化职业技能培训教程》
编 委 会

主　　任：黄　革

副 主 任：王子云

委　　员（按姓氏笔画排序）：

丁哲帅	马光田	丰学军	王正才	王勇军
王　莉	王　焊	王　谦	王德功	邓春林
史兰桥	吕德柱	朱立明	朱耀旭	刘子才
刘文泉	刘　伟	刘　军	刘孝祖	刘纯珂
刘明国	刘学忱	李忠勤	李振兴	李　丰
李　超	李　想	杨力玲	杨明亮	杨海青
吴　芒	吴　鸣	何　波	何　峰	何军民
何耀伟	邹吉武	宋学昆	张　伟	张海川
陈　宁	林　彬	罗昱恒	季　明	周宝银
周　清	郑玉江	赵宝红	胡兰天	段毅龙
贾荣刚	夏申勇	徐周平	徐春江	唐高嵩
常发杰	蒋国亮	蒋革新	傅红村	褚金德
窦国银	熊欢斌			

《水质检验工》编审组

主　　编：张秀丽
参编人员：刘　秀　李兵兵　梁　淼　高　宇
参审人员：矫立山　周海燕　曹宪荣　马　丽　李文言
　　　　　吴　锋　张秋香　李　敏　孙福奎

PREFACE 前言

随着企业产业升级、装备技术更新改造步伐不断加快,对从业人员的素质和技能提出了新的更高要求。为适应经济发展方式转变和"四新"技术变化要求,提高石油石化企业员工队伍素质,满足职工鉴定、培训、学习需要,中国石油天然气集团有限公司人事部根据《中华人民共和国职业分类大典(2015年版)》对工种目录的调整情况,修订了石油石化职业技能等级标准。在新标准的指导下,组织对"十五""十一五""十二五"期间编写的职业技能鉴定试题库和职业技能培训教程进行了全面修订,并新开发了炼油、化工专业部分工种的试题库和教程。

教程的开发修订坚持以职业活动为导向,以职业技能提升为核心,以统一规范、充实完善为原则,注重内容的先进性与通用性。教程编写紧扣职业技能等级标准和鉴定要素细目表,采取理实一体化编写模式,基础知识统一编写,操作技能及相关知识按等级编写,内容范围与鉴定试题库基本保持一致。特别需要说明的是,本套教程在相应内容处标注了理论知识鉴定点的代码和名称,同时配套了相应等级的理论知识练习题,以便于员工对知识点的理解和掌握,加强了学习的针对性。**此外,为了提高学习效率,检验学习成果,本套教程为员工免费提供了学习增值服务,员工通过手机登录注册后即可进行移动练习。**本套教程既可用于职业技能鉴定前培训,也可用于员工岗位技术培训和自学提高。

水质检验工教程分上、下两册,上册为基础知识、初级工操作技能及相关知识、中级工操作技能及相关知识、高级工操作技能及相关知识,下册为技师操作技能及相关知识。

本工种教程由中国石油大庆油田有限责任公司任主编单位，参与审核的单位有中国石油哈尔滨石化公司、中国石油长庆石化公司、中国石油锦州石化公司、中国石油乌鲁木齐石化公司、中国石油辽阳石化公司、中国石油抚顺石化公司、中国石油呼和浩特石化公司、中国石油辽河油田公司。在此表示衷心感谢。

由于编者水平有限，书中错误、疏漏之处请广大读者提出宝贵意见。

编　者

CONTENTS 目录

技师操作技能及相关知识

模块一　色谱分析 ········ 3
- 项目一　相 关 知 识 ········ 3
- 项目二　使用液相色谱仪 ········ 26
- 项目三　使用气相色谱仪 ········ 27
- 项目四　使用离子色谱仪 ········ 28
- 项目五　测定溴酸盐 ········ 28
- 项目六　测定氯化物 ········ 30
- 项目七　测定亚氯酸盐 ········ 31
- 项目八　测定微囊藻毒素 ········ 32
- 项目九　富集微囊藻毒素样品 ········ 33

模块二　光谱分析 ········ 35
- 项目一　相 关 知 识 ········ 35
- 项目二　运行维护火焰原子吸收分光光度计 ········ 62
- 项目三　运行维护无火焰原子吸收分光光度计 ········ 63
- 项目四　运行维护原子荧光分光光度计 ········ 64
- 项目五　测定银含量 ········ 65
- 项目六　测定锌含量 ········ 66
- 项目七　测定硒含量 ········ 67
- 项目八　测定锑含量 ········ 69

模块三　质量控制 ········ 72
- 项目一　相 关 知 识 ········ 72

项目二　绘制质量控制图 ·· 81
　　项目三　应用质量控制措施 ·· 82
　　项目四　绘制标准曲线 ·· 83
模块四　生产指导 ·· 85
　　项目一　相关知识 ·· 85
　　项目二　耗氯量试验 ·· 85
　　项目三　耗钒量试验 ·· 86

理论知识练习题

技师理论知识练习题及答案 ·· 89

附　录

附录1　职业资格等级标准 ·· 133
附录2　技师理论知识鉴定要素细目表 ·· 141
附录3　技师操作技能鉴定要素细目表 ·· 144
附录4　操作技能考核内容层次结构表 ·· 145
参考文献 ··· 146

技师操作技能及相关知识

模块一 色谱分析

项目一 相关知识

一、色谱技术的基础知识

色谱分析法又称色层法或层析法,是一种物理化学分析方法,它利用不同溶质(样品)与固定相和流动相之间的作用力(分配、吸附、离子交换等)的差别,在两相做相对移动时,各溶质在两相间进行多次平衡,使各溶质达到相互分离。在色谱法中,静止不动的一相(固体或液体)称为固定相;运动的一相(一般是气体或液体)称为流动相。气相色谱法具有选择性高、分离效率高、灵敏度高、分析速度快的特点,但它仅适用于分析蒸气压低、沸点低的样品,而不适用于分析高沸点有机物、高分子和热稳定性差的化合物以及生物活性物质,因而使其应用受到限制。按溶质在两相分离过程的物理化学原理的不同,高效液相色谱法可以分为吸附色谱、分配色谱、离子色谱、体积排阻色谱、亲和色谱五类。

> JBA001 色谱理论概述

(一)色谱柱的类型与结构

1. 色谱柱的类型

> JBA012 色谱柱的类型

色谱柱由柱管、压帽、卡套(密封环)、筛板(滤片)、接头、螺钉等组成。按色谱分离模式分类,高效液相色谱柱可分为正相、反相、离子交换、体积排除、亲和及手性等类型。正相色谱柱可细分为硅胶柱及各种键合色谱柱;体积排阻色谱柱中,用于水相体系的称为凝胶过滤色谱柱。用于 LC - MS 联用上的色谱柱多为细孔柱。

按照分离的规模及柱子的几何参数,高效液相色谱杆可分为制备柱、分析柱、微型柱三种类型。色谱柱是进行液相色谱分离的核心部位。发生在色谱柱中的分离过程,均受热力学因素和动力学因素的控制。

2. 色谱柱的结构

> JBA013 色谱柱的结构

HPLC 色谱柱常采用零死体积结构和小死体积结构。HPLC 要求色谱柱的渗透率不应随压降而变化。现代高效液相色谱的色谱柱几乎均是管状的,且多采用直型。液相色谱柱通常使用带锥套的线密封连接方式,当旋紧连接螺钉或柱头螺帽时,其边缘会接触位于阳螺栓上的锥面,锥面角度应稍大于锥套的角度。

在气—液色谱填充柱的制备过程中一般选用柱内径为 3~4mm,柱长为 1~2m 的不锈钢柱子,在色谱柱进行装填时,要保证固定相在色谱柱内填充均匀。

衡量色谱柱效能的指标是塔板高度,塔板数。

3. 理论塔板数

理论塔板数 N 是色谱的柱效参数之一,用于定量表示色谱柱的分离效率(以下简称柱效)。如果峰形对称并符合正态分布,N 可近似表示为:理论塔板数 $= 5.54 \times$ (保留时间/半高峰宽)^2。

柱效率用理论塔板数定量地表示：$N=16(t/W)^2$。其中，t 是溶质从进样到最大洗脱峰出现的时间，单位为 s，W 为该溶质的洗脱峰在基线处的宽度，单位为 cm。在一色谱柱中用相同的洗脱条件时，不同化合物的滞留时间与其洗脱峰宽度之比接近常数，因此理论塔板数大的色谱柱效率高。当然，N 的大小和柱子长度有密切关系：理论塔板高度 H = 柱长/N，用 H 可以衡量单位长度的色谱柱的效率，H 越小，则色谱柱效率越高。

N 为常量时，W 随 t_R 成正比例变化。在一张多组分色谱图上，如果各组分含量相当，则后洗脱的峰比前面的峰要逐渐加宽，峰高则逐渐降低。

用半峰宽计算理论塔板数比用峰宽计算更为方便和常用，因为半峰宽更容易准确测定，尤其是对稍有拖尾的峰。

N 与柱长成正比，柱越长，N 越大。用 N 表示柱效时应注明柱长，如果未注明，则表示柱长为 1m 时的理论塔板数（一般 HPLC 柱的 N 在 1000 以上）。

若用调整保留时间（$t_{R'}$）计算理论塔板数，所得值称为有效理论塔板数（$N_{有效}$ 或 N_{eff}）= $16(t_{R'}/W)^2$。

（二）色谱检测中样品的处理技术

在色谱分析过程中，当待测组分浓度太低时，基质组分的存在影响样品检测，污染物可能损害色谱柱，需进行样品前处理。

JBA014 分离与富集的方法与作用

1. 分离与富集的方法及作用

传统液—液萃取法的缺点是对样品需求量较大，消耗大量有机溶剂，操作费时，分离效率较低。因为分析样品绝大多数是复杂的混合物，无论是进行定性还是定量分析，一个好的分离或富集方法，是确保分析质量的前提。在分析化学中，分离和富集有以下几方面的作用：

（1）获得纯物质。

在分析测试工作中需要纯物质，如基准物、分光光度法和色谱法的标准物，有一些可从相关的部门或供应商处获得，有的则需要自行纯化制备。为了确定未知混合物的组成，常常需要将样品用各种手段分离，得到其中各单一化合物，进而用红外光谱、核磁共振、质谱等方法来确定其结构。

（2）消除干扰物质。

当样品中的干扰物质用控制酸度、加入掩蔽剂等手段仍然不能满足消除干扰的要求时，就必须采取分离的方法排除干扰，提高方法的准确度。

（3）富集微量及痕量待测组分。

当待测的痕量组分的含量低于测定方法的检测限时，需要用富集方法将痕量组分从大量基体物质中集中到一个较小体积的溶液中，以提高检测灵敏度。

对物质的分离依据被分离组分不同的物理性质、化学性质及物理化学性质，采用适当的手段进行。表 1-1 列出了分析化学中常用的分离及富集方法。

表 1-1　分析化学中常用的分离与富集方法及原理

方法	原理
蒸馏、汽化和升华	相对挥发度不同
沉淀	溶度积不同
液—液萃取	在两种互不相溶的液体中的分配系数不同

续表

方法	原理
吸附	组分在吸附剂上的吸附力不同
色谱	在固定相和流动相中的作用力不同
离子交换	离子在离子交换剂上的亲和力不同
膜分离	不同大小的分子在膜中扩散速率不同
离心	相对分子质量或密度不同
浮选	待分离物质吸附或吸着在气泡表面随气泡上浮到液面实现分离

选择和评价分离、富集方法，常用以下两个量来衡量。

(1) 回收率(R_T)。

回收率定义为分离后待测组分测得的量(Q_T)与分离前待测组分的量(Q_T^0)之比，用下式表示：

$$R_T = \frac{Q_T}{Q_T^0} \times 100\% \tag{1-1}$$

由于分离过程中待测组分的挥发、分解、器皿的吸附或人为因素引起待测组分的损失，R_T通常小于1。对于含量1%以上的组分，回收率应在99%以上即可；对于微量组分，要求回收率大于95%即可；某些痕量分析方法，例如放射化学分析法允许其回收率更低些。

(2) 富集倍数(F)。

富集倍数或称预浓缩系数，等于待测痕量组分的回收率R_T与基体的回收率R_M之比，用下式表示：

$$F = \frac{R_T}{R_M} \tag{1-2}$$

如果痕量待测组分能定量回收而基体的回收很少，则富集倍数便高。

除以上两个量外，选择分离富集方法还要考虑：

(1) 除去干扰物好。

(2) 方法的特效性或选择性好。

(3) 操作简便，分离后的样品便于下一步处理。

(4) 成本低，对人体和环境污染小。

(5) 能处理适量的样品，取样量一般为0.1~10g（固体）或10~1000mL（液体）（稀贵样品应采用微量技术）。

2. 固相萃取技术

固相萃取（以下称为SPE）是一种样品分离和富集技术，是由液—固萃取和柱液相色谱相结合发展而来的。

SPE是一个柱色谱分离过程，它的分离机理、固定相、溶剂选择与高效液相色谱有许多相似之处。固相萃取采用高效、高选择性的固定相，与高效液相色谱不同的是它用的是短的柱床和大的填料粒径（>40μm），当样品通过SPE柱时，一般被测组分及类似的其他组分被保留在柱上，不需要的组分用溶剂洗出，然后用适当的溶剂洗脱被测组分。有时候，也可以使分析组分通过固定相，不被保留，干扰组分被保留在固定相上而实现分离。与液—液萃取

> JBA015 固相萃取技术的原理及优点

相比,固相萃取有如下优点:不需要使用大量有机溶剂,减少对环境的污染;有效地将分析物与干扰组分分离,减小测定时的杂质干扰;能处理小体积试样;回收率高,重现性好;操作简单,省时、省力,易于自动化。

SPE 用于样品的净化和浓缩能满足气相色谱、高效液相色谱、质谱、核磁共振、分光光度及原子吸收等多种仪器分析方法样品制备的需要。离子交换固相萃取是靠目标化合物与吸附剂之间的相互作用的静电吸引力。

(1)固相萃取柱及固定相的类型及应用。

[JBA017 固相萃取柱的类型及应用]

市场上可以买到 SPE 产品,有柱型、针头型和膜盘。固相萃取柱管由医用级聚丙烯制成,也可以是聚乙烯、聚四氟乙烯等塑料或玻璃制成。烧结垫材料可由聚乙烯、聚四氟乙烯或不锈钢制成。自制小柱可用玻璃棉代替筛板。出售的 SPE 小柱商品有多种规格,吸附剂量 50mg~10g,柱体积 1~60mL。按上样量为 5% 的吸附剂量计算,保留样品的负载量为 2.5~500 mg;按每 100 mg 吸附剂的床体积 120μL 计算,最小洗提体积按 2 倍的柱床体积计算,最小洗提体积为 12.5μL~24mL。

样品通过固定相的方法有 3 种——抽真空、加压(用注射器或氮气)及将萃取小柱放入离心管中离心,也有可以同时处理多个试样的萃取装置。固相萃取常用的吸附剂的类型及用途见表 1-2。

表 1-2　固相萃取常用的吸附剂类型及其应用

固定相	简称	应用
十八烷基硅烷	ODS,C_{18}	反相萃取,适合非极性到中等极性化合物
丙氰基硅烷	CN	反相或正相萃取
乙醇基硅烷	Diol	正相萃取,适用于极性化合物
丙氨基硅烷	NH_2	正相萃取,适用于极性化合物;弱阴离子交换萃取,适用于碳水化合物,弱酸性阴离子和有机酸
硅胶上接卤化季铵盐	SAX	强阴离子交换萃取,适用于阴离子、有机酸、核酸等
硅胶上接磺酸盐	SCX	强阳离子交换萃取,适用于阳离子、药物、有机碱、氨基酸等
硅胶	Si	吸附萃取,适用于极性化合物
三氧化二铝	Al_2O_3	极性化合物吸附萃取或离子交换,如维生素
硅酸镁	—	极性化合物的吸附萃取
石墨碳	Cab	极性和非极性化合物的吸附萃取

(2)固相萃取的方法。

SPE 操作包括四个步骤,即柱预处理、加样、洗去干扰物和回收分析物(图 1-1)。在加样和洗去干扰物步骤中,部分分析物有可能穿透 SPE 柱造成损失,在回收分析物步骤中,分析物可能不被完全洗脱,仍有部分残留在柱上。因此,除了掌握基本操作外,还应该通过加标回收试验测定回收率。

下面以反相 C_{18} SPE 柱为例说明。

①柱的预处理。

预处理有两个目的:除去填料中可能存在的杂质;用溶剂润湿吸附剂,使分析物有适当

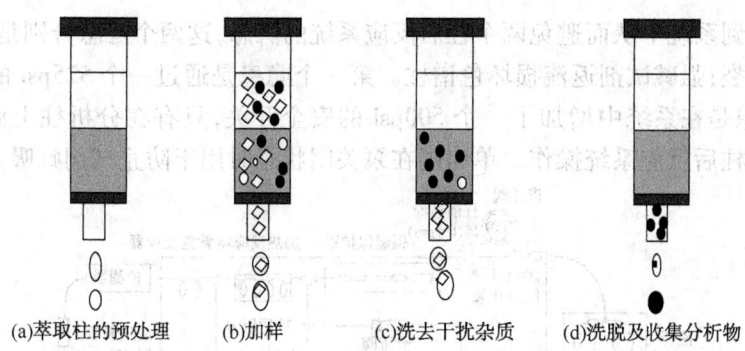

(a)萃取柱的预处理　　(b)加样　　(c)洗去干扰杂质　　(d)洗脱及收集分析物

图1-1　固相萃取过程示意图

的保留值。预处理的方法是使几倍柱床体积的甲醇通过萃取柱,再用水或缓冲液冲洗萃取柱,除去多余的甲醇。

②加样。

将样品溶于适当溶剂,加入固相萃取柱中,并使其通过萃取柱。通常流速2~4mL/min。

③淋洗除去干扰杂质。

用淋洗溶剂淋洗萃取柱,洗去干扰组分。

④分析物的洗脱和收集。

将分析物从固定相上洗脱,洗脱溶剂用量一般是每100mg固定相0.5~0.8mL。选择适宜强度的洗脱溶剂,溶剂太强,一些更强保留的杂质被洗脱出来,溶剂太弱,洗脱液的体积较大。洗脱液可直接进样或做进一步处理。

(3)固相萃取的应用。

固相萃取主要用于复杂样品中微量或痕量组分的分离和富集。在处理环境样品和生物样品时最能体现其特点。例如地表水中分析物的浓度很低,传统的方法是液—液萃取,若采用SPE处理试样,操作步骤简单,且节省溶剂。美国环境保护局(USEPA)建立的一些水样的分析方法中,允许使用SPE代替液—液萃取来净化和富集分析物,如饮用水中的邻苯二甲酸酯、多种农药、多环芳烃、有机化合物、废水中的多种杀虫剂、空气中的苯并[a]芘等。固相萃取的优点在于可同时完成样品富集与净化,大大提高检测灵敏度,比液—液萃取更快,更节省溶剂,可自动化批量处理,重现性好。固相萃取过程中,对淋洗剂要求挥发性小,在操作温度下有较低蒸气压,以免流失;热稳定性好,在操作温度下不发生分解;对试样组分有适当的溶解能力。

> JBA016 固相萃取技术的应用

3. 柱后衍生技术

(1)柱后衍生装置及原理。

柱后反应装置的最低要求是含有一个无脉冲的试剂泵,一个用于混合反应试剂和流动相的混合器及一个反应器。要完成氨基甲酸酯分析需要两个柱后反应系统串联。在Pickering的设计中,压力表和其后的阻尼用于减少压力脉冲,如图1-2所示。为保证反应快速还需要对水解过程进行控温,高温又需要一个背压调节器以避免流动相在加热的反应器中沸腾,Pickering的设计还含有一个压力表来监测第一个混合器的压力。加压的试剂瓶可以保证泵在较低的流速下更加精确,同时提供一个惰性气氛以阻止试剂氧化。安

> JBA018 柱后衍生装置及原理

全系统也整合到系统中从而避免两个柱后反应系统的隐患,这两个隐患分别是指:过压导致柱后反应器爆裂;强碱试剂返流损坏色谱柱。第一个隐患是通过一个525psi的泄压阀来完成,第二个隐患是在系统中增加了一个500psi的安全开关,只有在分析柱上游达到500psi的压力才允许柱后反应系统操作。单向阀在泵关闭状态时用于防止试剂虹吸。

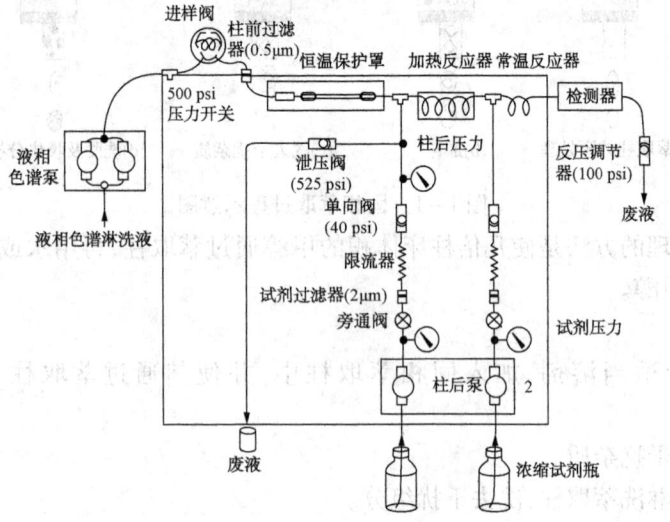

图1-2 柱后衍生仪结构示意图

图1-3、图1-4分别为Vector PCX型柱后衍生装置的前面板及流路示意图。

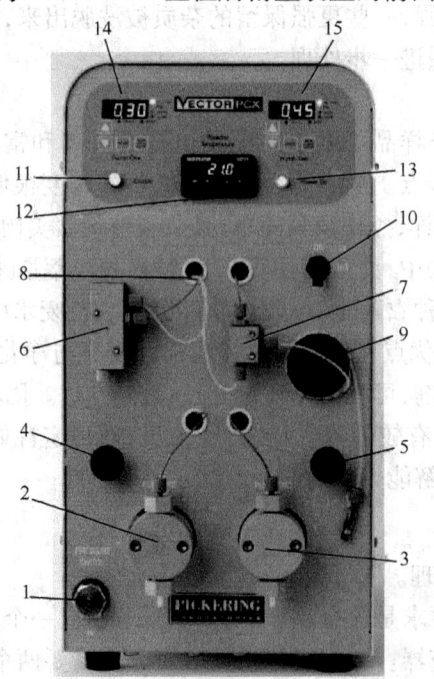

图1-3 Vector PCX型柱后衍生装置的前面板

1—压力开关;2—泵1;3—泵2;4—冲洗阀1;5—冲洗阀2;6—多种溶液混合池1;
7—多种溶液混合池2;8—加热反应器;9—常温反应器;10—气体开关;
11—开机提示开关;12—加热控制器;13—电源指示灯;
14—泵1控制器;15—泵2控制器

从高效液相色
谱柱进入
加热反应器
500psi
泄压阀
限流装置
限流装置
常温
反应器
脉冲
阻尼器
脉冲
阻尼器
到检测器
到进样阀
压力开关
500psi
从泵
泵1
泵2

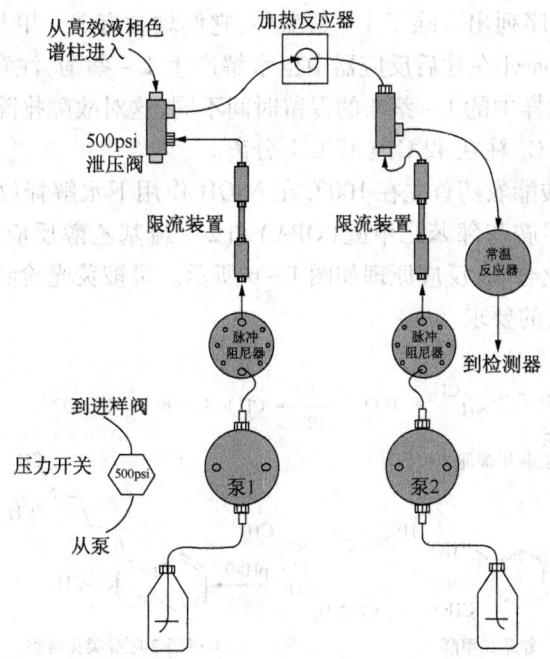

图 1-4 Vector PCX 型柱后衍生装置流程示意图

(2)柱后衍生技术的应用。

JBA019 柱后衍生技术的应用

氨基甲酸酯类农药的结构中均含有 N-甲基氨基甲酰基,在 USEPA 方法 531.1 中列出了 10 种分析物的结构式(包含 1-萘酚和内标 BDMC),如图 1-5 所示。它们按

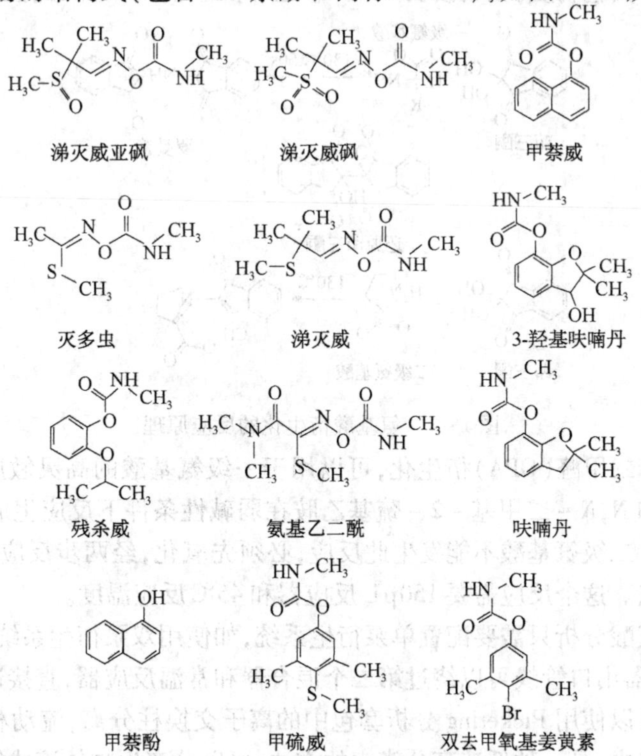

涕灭威亚砜
涕灭威砜
甲萘威
灭多虫
涕灭威
3-羟基呋喃丹
残杀威
氨基乙二酰
呋喃丹
甲萘酚
甲硫威
双去甲氧基姜黄素

图 1-5 12 种分析物的化学结构

照在 C_{18} 柱上的流出顺序列出。除了 1-萘酚外，它们均含有 N-甲基氨基甲酰基部分（用 OR 表示），甲萘威 carbaryl 在柱后反应器中也水解产生 1-萘酚，注意从甲萘威 carbaryl 水解产生的 1-萘酚与标样中的 1-萘酚的保留时间不同，这对故障排除非常有用。氨基甲酸酯的分离可通过 C_{18} 或 C_8 柱在 42℃或 37℃下分离。

分离后的氨基甲酸酯农药首先在 100℃在 NaOH 作用下水解释放出醇、碳酸盐和甲胺。在第二个柱后反应中甲胺与邻苯二甲醛（OPA）和 2-巯基乙醇反应生成有强荧光吸收的 1-甲基-2-吲哚类化合物，反应原理如图 1-6 所示。可被荧光检测器检测且具有很低的检测限，满足 EPA 方法的要求。

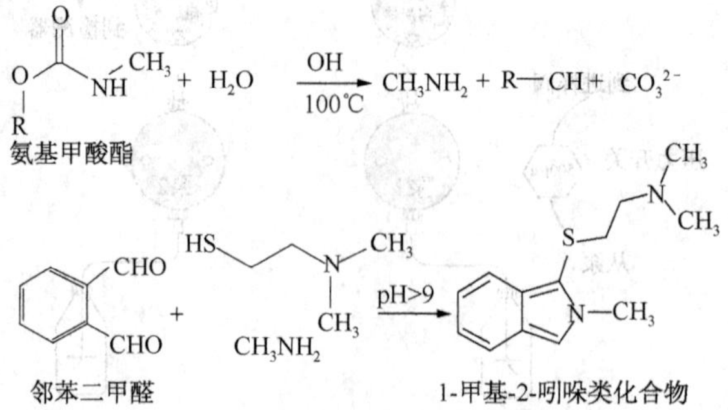

图 1-6 氨基甲酸酯类农药衍生反应原理

氨基酸的衍生化有两种方法。第一种是茚三酮（Ninhydrin）衍生化，如图 1-7 所示，茚三酮与一级氨基酸反应产生深蓝色或紫色，称为罗曼紫，吸收波长 570nm；茚三酮与二级氨基酸反应产生一种黄色物质，吸收波长 440nm。这个反应需要 130℃高温和 500μL 反应器。

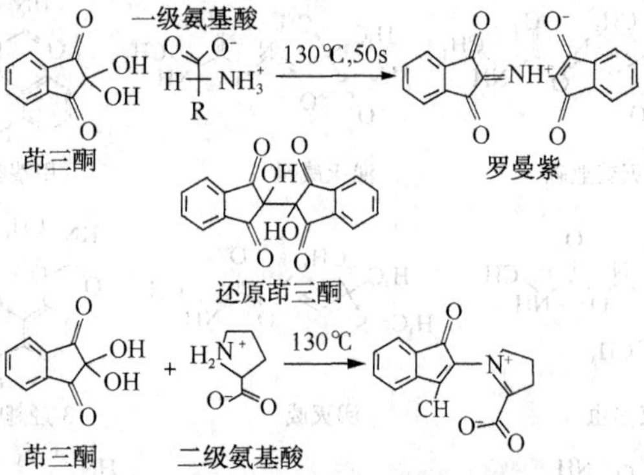

图 1-7 氨基酸衍生化的反应原理

第二种是邻苯二甲醛（OPA）衍生化，可以用于一级氨基酸的高灵敏度检测。一级氨基酸与邻苯二甲醛和 N,N-二甲基-2-巯基乙胺在弱碱性条件下反应生成一种有荧光响应的异吲哚衍生物。二级氨基酸不能发生此反应，必须先氧化，经两步反应检测二级氨基酸，这是该方法的缺点。这个反应需要 150μL 反应器和 45℃反应温度。

可以看出氨基酸分析只需要配置单泵衍生系统，如使用双泵衍生系统，可以关闭第二个试剂泵，加热反应器出口管线可以绕过第二个混合器和常温反应器，直接连接检测器。

氨基酸分析可以使用 Pickering 分析套包中的离子交换柱分离，流动相体系和再生试剂均包含在分析套包内，是一种低速高分辨率的方法，可以分离生物体液或组织提取物等复杂混合物中的46种氨基酸。

氨基酸柱后衍生分析对于液相色谱（LC）的要求：

①四元梯度泵，最好配备柱塞清洗组件。

②进样器要使用 Tefzel 或者 PEEK 材料的转子，否则不能承受 pH 值高达12以上的再生试剂。

③不要使用不锈钢溶剂过滤头，洗脱试剂中的锂盐或者钠盐在暴露于空气中的情况下会轻度腐蚀不锈钢。

④彻底冲洗 LC 管路，该衍生反应对于污染物非常灵敏。

⑤连接离子交换柱之前，LC 到柱后衍生系统所有管路中的有机溶剂必须用水彻底冲干净，否则会造成柱床溶胀。

⑥LC 泵的阻尼器和 PCX-5200 的压力传感器一端必须堵死，以最小化延迟体积，保证梯度的准确性，因为流动相 pH 值的微小变化对于分离效果的影响非常显著。

二、气相色谱技术

JBA003 气相色谱载气

（一）气相色谱载气

常用载气一般有氮气、氢气、氩气、氦气。国内热导检测器一般用氢气，检测特殊气体时根据情况选择氮气或氦气。氢焰检测器一般用氮气或氦气。对于载气最佳流速，柱塔板高度最小，提高载气流速则会使组分间分离变差，峰宽变小。

实验室用的高压气瓶要制定管理制度和使用规程，使用高压气瓶的人员要正确操作，开关气阀时要在气阀接管的侧面。高压气瓶外壳颜色不同，代表内装不同气体，其中白色为乙炔气，黑色为氮气，天蓝色为氧气，深绿色为氢气。

JBA002 气相色谱检测器的应用

（二）气相色谱检测器

气相色谱检测器分为浓度型和质量型两种。浓度型检测器测量的是载气中某组分浓度瞬间的变化，即检测器的响应值和组分的浓度成正比，如热导检测器和电子捕获检测器。

质量型检测器测量的是载气中某组分进入检测器的速度变化，即检测器的响应值和单位时间内进入检测器某组分的量成正比，如火焰离子化检测器和火焰光度检测器。检测器性能可由以下指标反映：

（1）灵敏度，输入单位被测组分时所引起的输出信号。

（2）检测限，检测器能确证反应物质存在的最低试样含量。

（3）线性范围，在检测器呈线性时最大和最小进样量之比，或最大允许进样量（浓度）与最小检测量（浓度）之比。

（4）其他指标，噪声低、死体积小、响应快、对所有物质均有响应。

三、液相色谱技术

JBA004 高效液相色谱法的特点及分类

（一）高效液相色谱法的特点及分类

1. 高效液相色谱法的特点

高效液相色谱法与气相色谱法有许多相似之处。气相色谱法具有选择性高、分离效率高、灵敏度高、分析速度快的特点，但它仅适于分析蒸气压低、沸点低的样品，而不适用于分析高沸点有机物、高分子和热稳定性差的化合物以及生物活性物质,因而使其应用受到限制。在全部有机化合物中仅有20%的样品适用于气相色谱分析,高效液相色谱法却恰恰可以弥补气相色谱法的不足之处,可对80%的有机化合物进行分离和分析,高效液相色谱法与气相色谱法的比较见表1-3。

表1-3 高效液相色谱法与气相色谱法的比较

项目	高效液相色谱法	气相色谱法
进样方式	样品制成溶液	样品需加热气化或裂解
流动相	液体流动相可以为离子型、极性、弱极性、非极性溶液,可与被分析样品产生相互作用,并能改善分离的选择性	气体流动相为惰性气体,不与被分析的样品发生相互作用
流动相	液体流动相动力黏度为10^{-3}Pa·s,输送流动相压力高达2~20MPa	气体流动相动力黏度为10^{-5}Pa·s,输送流动相压力仅为0.1~0.5MPa
固定相	分离机理:可以据吸附、分配、筛析、离子交换、亲和等多种原理进行样品分离,可用的固定相种类繁多	分离机理:可以据吸附和分配两种原理进行样品分离,可用的固定相种类较多
固定相	色谱柱:固定相粒度大小为5~10μm;填充柱内径为3~6mm,柱长10~25cm,柱效为10^3~10^4;毛细管柱内径为0.01~0.03mm,柱长5~10cm,柱效为10^4~10^5;柱温为常温	色谱柱:固定相粒度大小为0.1~0.5mm;填充柱内径为1~4mm,柱长1~4m,柱效为10^2~10^3;毛细管柱内径为0.1~0.3mm,柱长10~100m,柱效为10^3~10^4;柱温为常温至300℃
检测器	选择性检测器:UVD、PDAD、FD、ECD 通用型检测器:ELSD、RID	选择性检测器:ECD、FPD、NPD 通用型检测器:TCD、FID(有机物)
应用范围	可分析低分子量低沸点样品;高沸点、中分子、高分子有机化合物(包括非极性、极性);离子型无机化合物;热不稳定,具有生物活性的生物分子	可分析低分子量低沸点有机化合物;永久性气体;配合程序升温可分析高沸点有机化合物;配合裂解技术可分析高聚物
仪器组成	溶质在液相的扩散系数(10^{-5}cm^2/s)很小,因此在色谱柱以外的死体积空间应尽量小,以减少柱外效应对分离效果的影响	溶质在气相的扩散系数(10^{-1}cm^2/s)大,柱外效应的影响小,对毛细管气相色谱应尽量减小柱外效应对分离效果的影响

2. 高效液相色谱法的优点

(1)分离效能高:由于新型高效微粒固定相填料的使用,液相色谱柱填充柱的柱效高达5×10^3~3×10^4块/m理论塔板数,远远高于气相色谱填充柱10^3块/m理论塔板数的柱效。

(2)选择性高:由于液相色谱柱具有高柱效,并且流动相可以控制和改善分离过程的选择性,因此,高效液相色谱法不仅可以分析不同类型的有机化合物及其同分异构体,还可以分析在性质上极为相似的旋光异构体,并已在高疗效的合成药物和生化药物的生产控制分析中发挥了重要作用。

(3)检测灵敏度高:在高效液相色谱法中使用的检测器大多数都具有较高的灵敏度,如被广泛使用的紫外吸收检测器,最小检出量可达10^{-9}g;用于痕量分析的荧光检测器,最小检出量可达10^{-12}g。

(4)分析速度快:由于高压输液泵的使用,相对于经典液相(柱)色谱,其分析时间大大缩短,当输液压力增加时,流动相流动速度加快,完成样品的分析时间也会减少。

3. 高效液相色谱法的局限性

(1) 使用多种溶剂作为流动相，当进行分析时所需成本高于气相色谱法，且易引起环境污染。当进行梯度洗脱操作时，它比气相色谱法的程序升温操作复杂。

(2) 缺少如气相色谱法中使用的通用型检测器，如热导检测器和氢火焰离子化检测器。

(3) 不能取代气相色谱法，无法应用于组成复杂的、具有多种沸程的石油产品。

(4) 不能代替中、低压柱色谱法，在200kPa至1MPa柱压下去分析受压易分解、变性的具有生物活性的生化样品。

4. 高效液相色谱法的分类

(1) 吸附色谱。

用固体吸附剂作固定相，以不同极性溶剂做流动相，依据样品中各组分在吸附剂上吸附性能的差别来实现分离。

(2) 分配色谱。

用载带在固相基体上的固定液作固定相，以不同极性溶剂做流动相，依据样品中各组分在固定液上分配性能的差别来实现分离。根据固定相和液体流动相相对畸形的差别，又可分为正相分配色谱和反相分配色谱。当固定相极性大于流动相极性时，可称为正相分配色谱或简称为正相色谱；若固定相的机型小于流动相机型时，可称为反相分配色谱或简称为反相色谱。

(3) 离子色谱。

用高效微粒离子交换剂作固定相，已具有一定pH值的缓冲溶液做流动相，依据离子型化合物中各离子组分与离子交换剂上表面带电荷基团进行可逆性离子交换能力的差别而实现分离。

(4) 体积排阻色谱。

用化学惰性的多孔性凝胶做固定相，按固定相对样品中各组分分子体积排滞作用的差别来实现分离。以水溶液做流动相的体积排阻色谱法，称为凝胶过滤色谱；以有机溶剂作流动相的体积排阻色谱法，称为凝胶渗透色谱法。

(5) 亲和色谱。

以在不同基体上，键合多种不同特性的配位体做固定相，用具有不同pH值的缓冲溶液做流动相，依据生物分子（氨基酸、肽、蛋白质、核碱、核苷、核苷酸、核酸、酶等）与基体上键联的配位体之间存在的特异性亲和作用能力的差别，实现对具体生物活性的生物分子的分离。

按分离过程物理化学原理分类的各种液相色谱法的比较见表1-4。

表1-4 按分离过程物理化学原理分类的各种液相色谱法的比较

项目	吸附色谱	分配色谱	离子色谱	体积排阻色谱	亲和色谱
固定相	全多孔固体吸附剂	固定液载带在固相基体上	高效微粒离子交换剂	具有不同孔径的多孔性凝胶	多种不同性能的配位体键联在固定相基体上
流动相	不同极性有机溶剂	不同极性有机溶剂和水	不同pH值的缓冲溶液	有机溶剂或一定pH值的缓冲溶液	不同pH值的缓冲溶液，可加入改性剂

续表

项目	吸附色谱	分配色谱	离子色谱	体积排阻色谱	亲和色谱
分离原理	吸附↔解吸	溶解↔挥发	可逆性的离子交换	多孔凝胶的渗透或过滤	具有锁钥结构络合物的可逆性离解
平衡常数	吸附系数 K_A	分配系数 K_P	选择性系数 K_S	分布系数 K_D	稳定常数 K_C

(二)高效液相色谱法的基本原理

JBA005 液相色谱仪的组成

1. 高效液相色谱仪的组成

使用高效液相色谱仪时,应特别注意"柱外效应"对分析结果的影响。由于样品分子在液体流动相的扩散系数比在气体中小4~5个数量级,液体流动相的流速比气相慢1~2个数量级。因此,样品注入色谱柱后,在柱子以外的任何死空间(如进样器、柱接头、连接管和检测器)中,样品分子的扩散和滞留,都会显著引起色谱峰的扩展,而使柱效降低,所以柱外死体积的影响是不能忽略的。在制造和使用高效液相色谱仪时,应使柱外效应减至最小,以获得立项的分析结果。

现在用微处理机控制的高效液相色谱仪,其自动化程度高,即能控制仪器的操作参数(如溶剂梯度洗脱、流动相流量、柱温、自动进样、洗脱液收集、检测器功能等),又能对获得的色谱图进行收缩、放大、叠加以及对保留数据和峰高、峰面积进行处理等,为色谱分析工作者提供了高效率、功能全面的分析工具。图1-8为高效液相色谱仪的组成示意图。

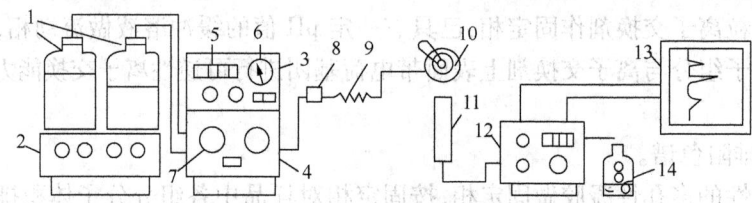

图1-8 高效液相色谱仪的组成示意图
1—储液罐;2—搅拌、超声脱气器;3—梯度淋洗装置;4—高压输液泵;
5—流动相流量显示;6—柱前压力表;7—输液泵泵头;8—过滤器;
9—阻尼器;10—六通进样阀;11—色谱柱;12—检测器;
13—记录仪(或数据处理装置);14—回收废液罐

JBA006 液相色谱输液装置

2. 液相色谱输液装置

在高效液相色谱中,色谱柱装填5~10μm的固定相,其对流动相有高的阻力。通常色谱柱的压力降 Δp 可按达西(Darcy)方程计算:

$$\Delta p = \frac{\gamma L u}{k_0 d_P^2} \tag{1-3}$$

$$u = \frac{L}{t_M}$$

式中 γ——流动相黏度,Pa·s;
L——柱长,m;
u——流动相平均线速,cm/min;
t_M——死时间,s;

k_0——比渗透系数；

d_P——固定相颗粒直径，μm。

(1) 对高压输液泵的要求。

①泵体材料能耐化学腐蚀。通常使用普通耐酸不锈钢(1Cr18Ni9Ti)或优质耐酸不锈钢(Cr18Ni12Mo2)。为防止酸、碱缓冲溶液的腐蚀，在离子色谱或亲和色谱分析中现已使用由聚醚醚酮(PEEK)材料制成的高压输液泵。

②能在高压下连续工作。通常要求耐压 $40\sim50MPa\cdot cm^2$，能在 $8\sim24h$ 连续工作。

③输出流量范围。填充柱：$0.1\sim10mL/min$（分析型）；$1\sim100mL/min$（制备型）。微孔柱：$10\sim1000\mu L/min$（分析型）；$1\sim9900\mu L/min$（制备型）。

④输出流量稳定，重复性高。高效液相色谱使用的检测器，大多数对流量变化敏感，高压输液泵应提供无脉冲流量，这样可以降低基线噪声并获较好的检测下限。流量控制的精密度应小于 1%，最好为 0.5%，重复性最好为 0.5%。

(2) 高压输液泵的分类。

①恒流泵，可输出恒定体积流量的流动相。恒流泵又可分为以下 2 种。

a. 注射型泵，又称注射式螺杆泵，其工作原理如图 1-9 所示。

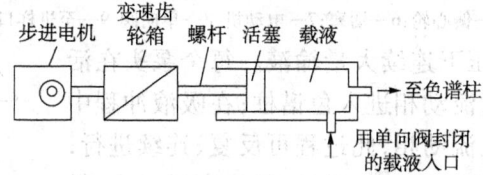

图 1-9 注射型泵的工作原理示意图

注射型泵的工作原理是利用步进电动机经齿轮螺杆传动、带动活塞以缓慢恒定的速度移动，使载液在高压下以恒定流量输出。当活塞达到每个输出冲程末端时，暂时停止输出流动相，然后以极快速度进入吸入冲程，再次将流动相由单向阀封闭的载液入口吸入泵中，再重新进入输出冲程的运行。如此往复交替进行。

注射型泵的优点包括：可在高输液压力下给出精确的(0.1%)无脉动、可重现的流量；可通过改变电动机的电压，控制电动机的转速，来改变活塞的移动速度，从而调节流动相流量，使其输出流量与系统阻力无关；因其流量稳定、操作方便，可与多种高灵敏度检测器连接使用。

注射型泵的缺点包括：由于泵液缸容积(约 $100\sim150mL$)有限，每次流动相输完后，需重新吸入流动相，故当流动相流量大时，流动相中断频繁，不利于连续工作，使用两台泵交替工作可克服此不足之处；此泵在高压下工作，对活塞和液缸间的密封要求高，更换溶剂不方便，且价格昂贵。由于上述不足之处，现在注射式螺杆泵在高效液相色谱仪中使用较少，而广泛用于超临界流体色谱仪中。

b. 双柱塞往复式并联泵，其工作原理如图 1-10 所示。

双注塞往复式并联泵的工作原理：通常由电动机带动凸轮(或偏心轮)转动，再用凸轮驱动一活塞杆作往复运动，通过单向阀的开启和关闭，定期将储存在液缸里($0.1\sim0.5mL$)的液体以高压连续输出。当改变电动机转速时，通过调节活塞冲程的频率($30\sim100$ 次/min)，就可调节输出液体的流量。

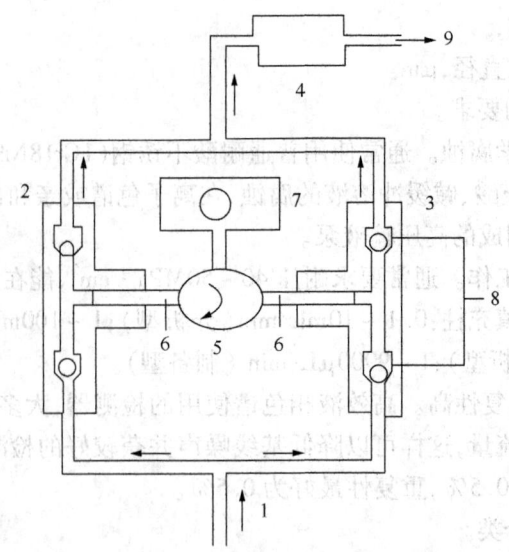

图1-10 双柱塞往复式并联泵的结构及工作原理示意图
1—流动相入口；2,3—带有单向阀的泵头；4—脉冲缓冲器；
5—偏心轮；6—活塞；7—电动机；8—单向阀；9—至进样口

其优点包括：可在高压下连续大量输液。每个泵头在活塞的输出冲程中推动少量流动相进入色谱柱；在吸液冲程中利用单向阀从储液罐吸入流动相，此过程可反复、连续进行；泵的液缸容积很小，只有几十至几百微升，其柱塞尺寸小，易于密封，柱塞、单向阀的阀球和阀座使用人造红宝石材料，造价低廉，操作方便。

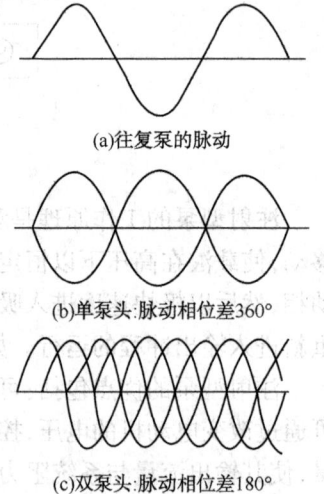

(a)往复泵的脉动

(b)单泵头:脉动相位差360°

(c)双泵头:脉动相位差180°

图1-11 双注塞往复泵的
输出流量脉动示意图

其缺点包括：输出流动相虽然是连续的恒流量的，但存在脉动(图1-11)，若与对流量敏感的折光指数检测器连接，就会产生基线波动，难以进行准确的定量分析工作；此类往复式泵，柱塞直接与流动相接触造成污染；长期运转后，因流动相含有的机械杂质会造成单向阀的阻塞或因单向阀的阀球磨损不能关闭单向阀。这些都会造成泵体不能正常工作。

②恒压泵：又称气动放大泵，是输出恒定压力的泵。当系统阻力不变时可保持恒定流量，当系统阻力发生变化时，就不能保持恒定流量了。

恒压泵是利用气体的压力去驱动和调节流动相的压力。通常采用压缩空气作为动力去驱动气缸中横截面积大的活塞(图1-12中5所示)，再经过一个连杆去驱动液缸中横截面

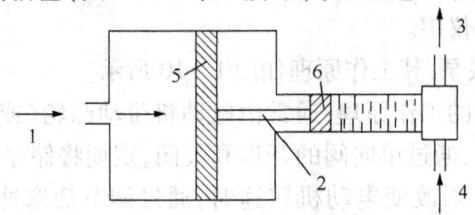

图1-12 恒压泵的结构及工作原理示意图

积小的活塞(图1-12中6所示)。由于两个活塞面积有一定的比例(约50:1),则气缸压力 p_2 传至液缸压力 p_1 时,其压力也增加相应的倍数,而获得输出液的高压 p_1:

$$p_1 A_1 = p_2 A_2 \qquad (1-4)$$

式中,A_1 为小活塞面积;A_2 为大活塞面积。工作原理如图1-12所示。

单液缸气动放大泵,每个输液冲程结束,气缸和液缸活塞即快速反向运行而重新吸液,结果几乎不中断流动相输出。但基线会有暂时(约1s)的波动。若其具有双液缸,则可通过两个电磁阀定时切换气体压力,实现在一个液缸输液的同时,另一个液缸正在吸液,从而实现流动相连续输出且不引起基线波动。

使用气动放大泵时,输出流动相的流量不仅由泵的输出压力决定,还取决于流动相的黏度及色谱柱的压力降(由柱长、固定相粒度和填充情况有关),因此在分析过程不能获得稳定的流量。

气动放大泵的优点是能以比较简单的方式建立高压并输出无脉动的恒压流动相液流;可与折光指数检测器配合使用;可利用改变气源压力的方法来调节载液流速。

气动放大泵的缺点是不能输出恒定流量的流动相;不易测出重复的保留时间;不能获得可靠的定性结果。此外由于泵的液缸体积大(约70mL),更换载液时操作不方便。

(3)输液系统的辅助设备。

为给色谱柱提供稳定、无脉动、流量准确的流动相,除有高压输液泵外,还需配备管道过滤器和脉动阻尼器。

①管道过滤器。

在高压输液泵的进口和它的出口与进样阀之间,应设置过滤器。高压输液泵的柱塞和进样阀阀芯的机械加工精密度非常高,微小的机械杂质进入流动相,会导致上述部件的损坏;同时机械杂质在柱头的积累,会造成柱压升高,使色谱柱不能正常工作,因此管道过滤器的安装是十分必要的。

市售储液罐中使用的溶剂过滤器和管道过滤器的结构如图1-13所示。

过滤器的滤芯是用不锈钢烧结材料制造的,孔径约2~3μm,耐有机溶剂的侵蚀。若发现过滤器堵塞(发生流量减小的现象),可将其浸入稀 HNO_3 溶液中,在超声波清洗器中用超声波振荡10~15min,即可将堵塞的固体杂质洗出。若清洗后仍不能达到要求,则应更换滤芯。

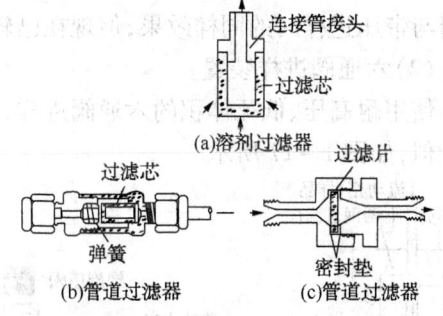

图1-13 溶剂过滤器和管道过滤器的结构示意图

②脉动阻尼器。

往复式柱塞泵输出的压力脉动,会引起记录仪基线的波动,这种脉动可以通过在高压输液泵出口与色谱柱入口之间安装一个脉动阻尼器(或称缓冲器)来加以消除。图1-14为几种脉动阻尼器示意图。

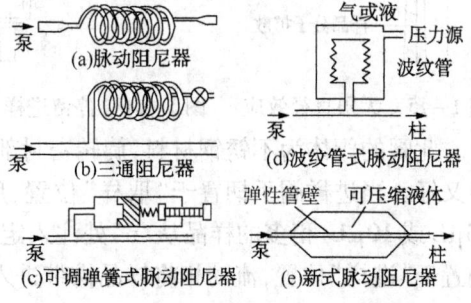

图1-14 不同类型的脉动阻尼器示意图

其中图(a)为最简单的常用脉动阻尼器,它由一根外径约 1.1~1.5mm,内径 0.25mm,长约 5m 的螺旋状不锈钢毛细管组成,利用它的挠性来阻滞压力和流量的波动,起到缓冲作用,毛细管内径越细,其阻滞作用越大。这种阻尼器制作简单,会引起系统中一定的压力损失。如将它改装成图(b)所示的三通式,可避免压力损失,且阻尼效果更好。图(c)和图(d)分别是可调弹簧式和波纹管式脉动阻尼器,它们的阻尼效果好,但其体积大,更换溶剂很不方便不适于梯度洗脱。图(e)为一种新式脉动阻尼器,它的内管壁用弹性材料制成,内、外管之间装有已脱气可压缩的液体,内管的弹性和装填液体的可压缩性,都可吸收输液系统中的压力波动。这种阻尼器死体积小,适用于梯度洗脱。

> JBA007 液相
> 色谱进样装置

3. 液相色谱进样装置

在高效液相色谱分析中由于使用了高效微粒固定相及高压流动相,样品以柱塞式注入色谱柱后,因柱的阻力大,样品分子在柱中的分子扩散很小,直至它从色谱柱流出也未与色谱柱内壁接触,因而引起的色谱峰形扩展很小,能保持高柱效。此现象被称作高效液相色谱分析中的"无限直径效应",如图 1-15 所示。

在高效液相色谱分析中如何保持柱塞式进样就是一个关键操作。进样时应将样品定量地瞬间注入色谱柱的上端填料中心,形成集中的一点。常用的进样器有以下两种:

(1)停留进样装置。

此装置的示意图见图 1-16。用高效液相色谱专用注射器抽取一定量的样品,经橡胶进样隔垫注入色谱柱头。对使用水—醇体系作流动相的反相色谱可使用硅橡胶隔垫。对使用多种有机溶剂的正相色谱应使用亚硝基氟橡胶隔垫。当色谱柱操作压力超过 15MPa 时,带压操作会引起流动相泄漏,为此可采用停流进样技术,即进样前,先打开流动相泄流阀,使柱前压降至常压,再用注射器进样,然后关闭泄流阀,完成一次进样。这种停流进样技术可取得与带压进样时的同样效果,但现在已较少使用。

(2)六通阀进样装置。

使用耐高压、低死体积的六通阀进样,其原理与气相色谱中的气体样品的六通阀进样完全相似,如图 1-17 所示。

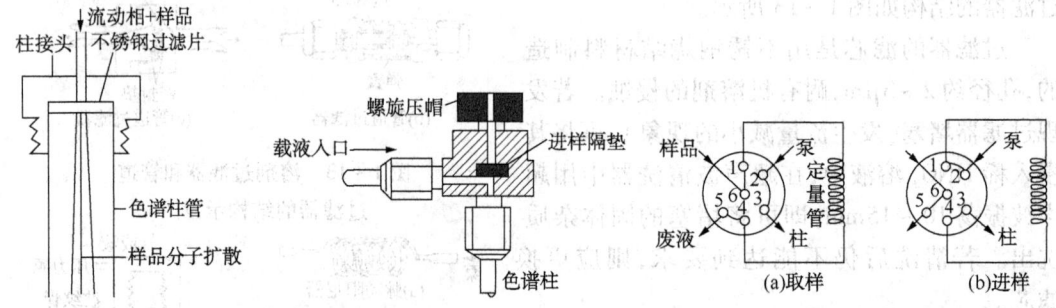

图 1-15 无限直径效应　　图 1-16 停留进样装置示意图　　图 1-17 取样、进样模式通路示意图

此阀的阀体为不锈钢材料,旋转密封部分由坚硬的合金陶瓷材料制成,既耐磨、密封性能又好。当进样阀手柄置于"取样"位置,用特制的平头注射器(10μL)吸取比定量管体积(5μL 或 10μL)稍多的样品从"6"处注入定量管,多余的样品由"5"处排出。再将进样阀手柄置于"进样"位置,流动相将样品携带进入色谱柱。此种进样重现性好,能耐 20MPa 高压。

(3)自动进样装置。

自动进样装置是由计算机自动控制定量阀,按预先编制注射样品的操作程序工作。取样、进样、复位、样品管路清洗和样品盘的转动,全部按预定程序自动进行,一次可进行几十个或上百个样品的自动分析。自动进样的样品量可连续调节,进样重复性高,适合做大量样品分析,节省人力,可实现自动化操作。

4. 液相色谱梯度淋洗

梯度洗脱是使流动相中含有两种或两种以上不同极性的溶剂,在洗脱过程连续或间断改变流动相的组成,以调节它的极性,使每个流出的组分都有合适的容量因子 k' ,并使样品中的所有组分可在最短的分析时间内,以适合的分离度圆满地获得选择性的分离。梯度洗脱技术可以提高柱效、缩短分析时间,并可改善检测器的灵敏度。当样品中第一个组分的 k' 值和最后一个峰的 k' 值相差几十倍至上百倍时,使用梯度洗脱的效果就特别好。此技术类似于气相色谱中使用的程序升温技术,现已在高效液相色谱法中获得广泛的应用,它可以通过低压梯度和高压梯度两种方式进行操作。

(1)低压梯度(外梯度)。

在常压下将两种溶剂(或多元溶剂)输至混合器中混合,然后用高压输液泵将流动相输入到色谱柱中,装置如图1-18所示。此法的主要优点是仅需使用一个高压输液泵。

如对二元混合溶剂体系,操作时先将弱极性溶剂A,通过由微处理机控制的低压计量泵和时间比例电磁阀,直接流入混合器;另一种强极性溶剂B,也通过低压计量泵,并有微处理机控制另一时间比例电磁阀的开关时间,来调节流入混合器的B溶剂的体积百分比,以控制输出混合溶剂的组成。

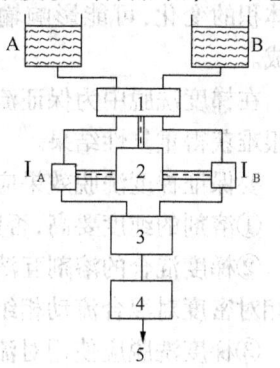

图1-18 低压梯度洗脱装置示意图

1—低压计量泵;I_A,I_B—时间比例电磁阀;2—微处理机;3—混合器;4—高压输液泵;5—至色谱柱

溶剂A和B的混合器内充分混合后,再由高压输液泵输至色谱柱。此种梯度洗脱方式可以减小溶剂可压缩性的影响,并能消除由于溶剂混合引起的热力学体积变化所带来的误差。

HP1100高效液相色谱仪用一台双柱塞往复串联泵和一个高速比例阀构成的四元低压梯度系统,如图1-19所示。

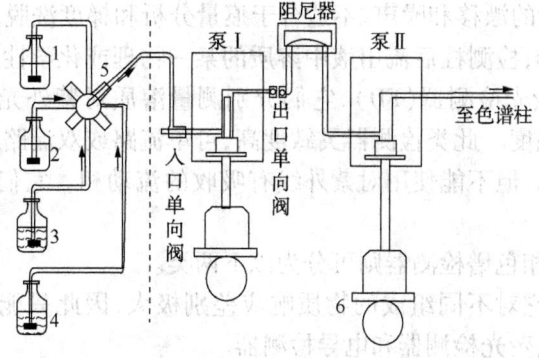

图1-19 HP1100高效液相色谱仪结构示意图

1,2,3,4—溶剂;5—溶剂混合装置;6—泵系统

(2)高压梯度(内梯度)。

目前,大多数高效液相色谱仪皆配有高压梯度装置,它是用两台高压输液泵将强度不同的两种溶剂 A、B 输入混合室,进行混合后再进入色谱柱。两种溶剂进入混合室的比例可由溶剂程序控制器或计算机来调节。此类装置如图 1-20 所示,它的主要优点是两台高压输液泵的流量皆可独立控制,可获得任何形式的梯度程序,且易于实现自动化。

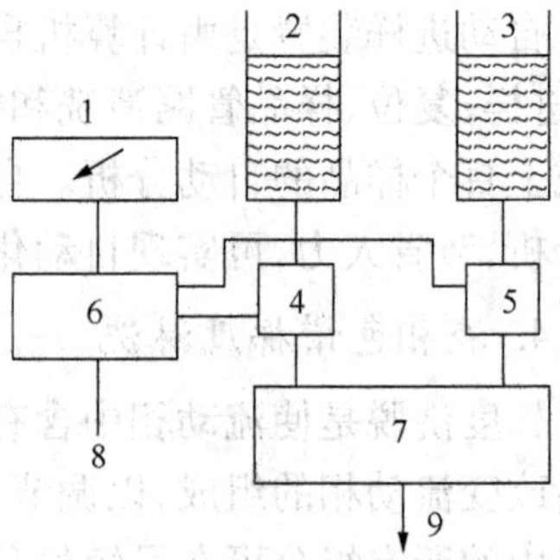

由于高压梯度装置中,每种溶剂是分别由泵输送的,进入混合器后,溶剂的可压缩性和溶剂混合时热力学体积的变化,可能影响输入到色谱柱中的流动相的组成。

图 1-20 高压梯度洗脱装置示意图
1—程序控制器;2—溶剂 A;3—溶剂 B;
4—高压泵 A;5—高压泵 B;6—反馈控制器;7—混合室;8—流量计信号;
9—混合溶剂出口

在梯度洗脱中为保证流速稳定必须使用恒流泵,否则很难获得重复性结果。

要保证梯度洗脱效果应注意以下几点:

①溶剂的纯度要高,否则会使梯度洗脱的重现性变坏。

②梯度混合的溶剂互溶性要好,应防止不互溶的溶剂进入色谱柱,应当注意溶剂的黏度和相对密度对混合流动相组成的影响。

③梯度洗脱应使用对流动相组成变化不敏感的选择性检测器(如紫外吸收检测器或荧光检测器),而不能使用对流动相组成变化敏感的通用型检测器(如折光指数检测器)。

5. 液相色谱检测器

> JBA008 液相色谱检测器的分类

常用的检测器为紫外吸收检测器(UVD)、折光指数检测器(RID)、电导检测器(ECD)、荧光检测器(FLD)和蒸发光散射检测器(ELSD)。

> JBA009 液相色谱检测器的应用

(1)检测器的分类。

按检测的对象分类,液相色谱检测器可分为以下两类。

> JBA011 液相色谱检测器的性能指标

①整体性质检测器,检测从色谱柱中流出的流动相总体物理性质的变化情况,如折光指数检测器(RID)和电导检测器(ECD),它们分别测定柱后流出液总体的折射率和电导率。此类检测器测定灵敏度低,必须用双流路进行补偿测量;易受温度和流量波动的影响,造成较大的漂移和噪声;不适合于痕量分析和梯度洗脱。

②溶质性质检测器,检测柱后流出液中溶质的某一物理或化学性质的变化。例如,紫外吸收检测器(UVD)和荧光检测器(FD),它们分别测量溶质对紫外光的吸收和溶质在紫外光照射下发射的荧光强度。此类检测器灵敏度高,可单流路或双流路补偿测量,对流动相流量和温度变化不敏感。但不能使用对紫外线有吸收的流动相。它们可用于痕量分析和梯度洗脱。

按适用性分类,液相色谱检测器则可分为以下两类。

①选择性检测器,它对不同组成的物质响应差别极大,因此只能选择性地检测某些物质,如紫外吸收检测器、荧光检测器和电导检测器。

②通用型检测器,它对大多数物质的响应相差不大,几乎适用于所有物质。折光指数检测器属于通用型检测器,但它的灵敏度低,受温度影响波动大、使用时有一定局限性。

上面提到的 UVD、RID、FD、ECD 四种检测器皆属于非破坏性检测器,样品流出检测器后可进行馏分收集,并可与其他检测器串联使用。对荧光检测器因测定中加入荧光试剂,其对样品会产生沾污,当串联使用时应将它放在最后检测。

(2)检测器的性能指标。

在评价检测器时,要强调以下几点:

①噪声。通常噪声是指由仪器的电器元件、温度波动、电压的线性脉冲以及其他非溶质作用产生的高频噪声和基线的无规则波动。高频噪声似"绒毛"使基线变宽;短周期噪声使记录器的基线变化,呈无规则的峰或谷。噪声的存在会降低检测灵敏度,严重时使仪器无法工作。

②基线漂移。漂移是基线的一种向上或向下的缓慢移动,可在较长时间(0.5 ~ 1.0h)观察到,它可掩蔽噪声和小峰。漂移与整个液相色谱系统有关,而不仅是由检测器引起的。

③灵敏度(最小检出浓度或最小检出量)。在一个特定分离工作中,检测器是否有足够的灵敏度是十分重要的。当比较检测器时,常使用敏感度这一性能指标。敏感度即指信号与噪声的比值(信噪比)等于2时,在单位时间内进入检测器的溶质的浓度或质量。

④线性范围。在进行定量分析时,希望检测器有宽的线性范围,以便在一次分析中可同时对主要组分和痕量组分进行检测。

⑤检测器的池体积。它应小于最早流出的死时间色谱峰洗脱体积的1/10,否则会产生严重的柱外谱带扩展。

(3)紫外吸收检测器。

紫外吸收检测器(UVD)是高效液相色谱仪中使用最广泛的一种检测器,它分为固定波长,可变波长和二极管阵列检测三种类型。

固定波长紫外吸收检测器,由低压汞灯提供固定波长 $\lambda = 254\text{nm}$（或 $\lambda = 280\text{nm}$）的紫外光,其结构如图1-21所示。

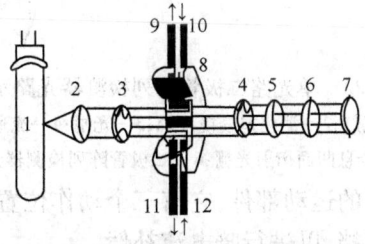

图1-21 固定波长紫外吸收检测器结构示意图
1—低压汞灯;2—入射石英棱镜;3,4—遮光板;5—出射石英棱镜;
6—滤光片;7—双光电池;8—流通池;9,10—测量臂的入口和出口;
11,12—参比臂的入口和出口

由低压汞灯发出的紫外光经入射石英棱镜准直,再经遮光板分为一对平行光束分别进入流通池的测量臂和参比臂。经流通池吸收后的出射光,经过遮光板、出射石英棱镜及紫外滤光片,只让254nm的紫外光被双光电池接收。双光电池检测的光强度经对数放大器转化成吸光度后,经放大器输送至记录仪。为减少死体积,流通池的体积很小,仅为 5 ~ 10μL,光路约 5 ~ 10mm,结构常采用H形。此检测器结构紧凑、造价低、操作维修方便、灵敏度高适于梯度洗脱。

(4) 可变波长紫外吸收检测器。

由光源(氘灯—紫外光或钨灯—可见光)发出的光经凹面镜、入口狭缝进入单色器,从出口狭缝射出。经滤光片,由调制器将光线分别交替射入测量池和参比池光路,再经凹面反光镜,将光聚集在光电倍增管进行检测。

可变波长紫外吸收检测器,由于可选择的波长范围很大,既提高了检测器的选择性,又可选用组分的最灵敏吸收波长进行测定,从而提高了检测的灵敏度。它还有停流扫描功能,可绘出组分的光吸收谱图,以进行吸收波长的选择。

(5) 光二极管阵列检测器。

光二极管阵列检测器(PDAD)是20世纪80年代发展起来的一种新型紫外吸收检测器,它与普通紫外吸收检测器的区别在于进入流通池的不再是单色光,获得的检测信号不是在单一波长上的,而是在全部紫外光波长上的色谱信号。因此它不仅可进行定量检测,还可提供组分的光谱定性的信息。

单光路二极管阵列检测器的光路示意图如图1-22所示。由氘灯发出的紫外光经消除色差透镜系统聚焦后,照射到流通池($4.5\mu L$)上,透过光经全息凹面衍射光栅色散后,由一个二极管阵列检测元件接收。

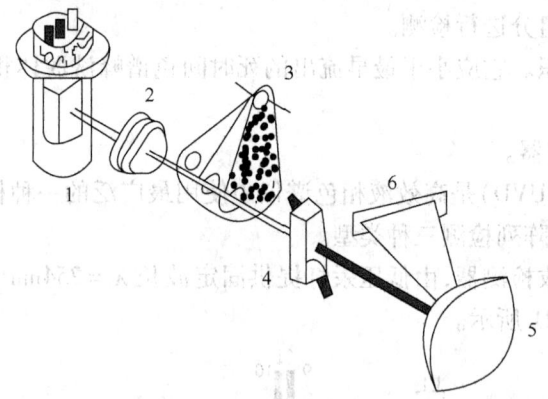

图 1-22 单光路二极管阵列检测器光路示意图
1—氘灯;2—消色差透镜系统;3—光闸;4—流通池;
5—全息凹面衍射光栅;6—二极管阵列检测器元件

此光路系统中光闸是唯一的运动部件,它有三个动作位置:
① 光闸将入射光束全部遮挡,以进行暗电流补偿。
② 将氧化钬滤光片插入光路,对衍射后的波长进行精确校正。
③ 打开光闸使入射光通过流通池照在光栅上。

此光学系统称为"反置光学系统",不同于一般紫外吸收检测器的光路。其中二极管阵列检测元件,可由1024、512或211个光电二极管组成,可同时检测180~600 nm的全部紫外光和可见光的波长范围内的信号。由211个光电二极管构成的阵列元件,可在10ms内完成一次检测。因此在1s(1000ms)内,可进行快速扫描以采集20000个检测数据。它可绘制出随时间(t)的变化进入检测器液流的光谱吸收曲线—吸光度(A)随波长(λ)变化的曲线,因而可由获得的A、λ、t信息绘制出具有三维空间的立体色谱图可用于被测组分的定性分析及纯度测定。

(6)折光指数检测器。

折光指数检测器(RID)又称示差折光检测器(DRD),它是用连续监测参比池和测量池中溶液的折射率之差的方法来测定试样浓度的检测器。由于每种物质都具有与其他物质不相同的折射率,因此 RID 是一种通用型检测器。

溶液的折射率等于溶剂及其中所含各组分溶质的折射率与其各自的摩尔分数的乘积之和。当样品浓度低时,由样品在流动相中流经测量池时的折射率与纯流动相流经参比池时的折射率之差,指示出样品在流动相中的浓度。此类检测器一般不能用于梯度洗脱,因为它对流动相组成的任何变化都有明显的响应,会干扰被测样品的监测。

折光指数检测器按工作原理可分为反射式、偏转式和干涉式三种。其中干涉式造价昂贵使用较少;偏转式池体积大(约 10μL),但可适用于各种溶剂折光指数的测定;反射式池体积小(约 3μL),应用较多,但当测定不同的折光指数范围的样品时(通常折光指数分别为 1.31~1.44 和 1.40~1.60 两个区间),需要更换固定在二棱镜上的流通池。

反射式折光指数检测器依据菲涅尔反射原理,光路系统如图 1-23 所示。钨丝光源发出的光经遮光板 M_1、红外滤光片 F、遮光板 M_2 后,形成两束能量相同的平行光,再经透镜 L_1 分别聚焦至测量池和参比池上。透过空气—三棱镜界面、三棱镜—液体界面的平行光,由池底镜面折射后再反射出来,再经透镜

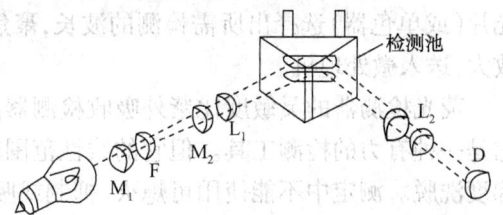

图 1-23 反射式折光指数检测器光路示意图

L_2 聚焦在双光电管 D 上。信号经放大后,送入记录仪或微处理机绘出色谱图。此检测器就是通过测定经流动相折射后反射光的强度变化,来检测样品中组分浓度。

此检测器的普及程度仅次于紫外吸收检测器。折光指数检测器对温度变化敏感,使用时温度变化要保持在 +0.001℃ 范围内。此检测器对流动相流量变化也敏感,其灵敏度较低,不宜用于痕量分析。

(7)电导检测器。

电导检测器(ECD)是一种选择性检测器,用于检测阳离子或阴离子,其在离子色谱中获得广泛应用。由于电导率随温度变化,因此测量时要保持恒温。它不适用于梯度洗脱。电导检测器结构如图 1-24 所示。

其主体为玻璃碳(或铂片)制成的导电正极和负极。两电极间用 0.05mm 厚的聚四氟乙烯薄膜分隔开。此薄膜中间开一长条形孔道作为流通池,仅有 1~3μL 的体积。正、负电极间仅相距 0.05mm,当流动相中含有的离子通过流通池时,会引起电导率的改变。此二电极构成交流电桥的臂,电桥产生的不平衡信号,经放大、整流后输入记录仪。此检测器具有较高灵敏度,能检测电导率的差值为 $5 \times 10^{-4} S/m^2$ 的组分。当使用缓

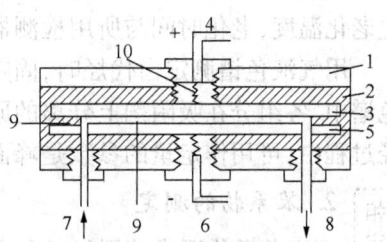

图 1-24 电导检测器的结构示意图
1—不锈钢压板;2—聚四氟乙烯绝缘层;
3—玻璃碳正极;4—正极导线接头;
5—玻璃碳负极;6—负极导线接头;
7—流动相入口;8—流动相出口;
9—中间有条形孔槽,可通过流动相的 0.05mm 厚聚四氟乙烯薄膜;
10—弹簧

冲溶液作流动相时,其检测灵敏度会下降。

(8)荧光检测器。

荧光检测器(FD)是利用某些溶质在受紫外光激发后,能发射可见光(荧光)的性质来进行检测的。它是一种具有高灵敏度和高选择性的检测器。对不产生荧光的物质,可使其与荧光试剂反应,制成可发生荧光的衍生物再进行测定。图1-25为直角型荧光检测器的光路图。

其激发光光路和荧光发射光路相互垂直。激发光光源常用氙灯,可发射250~600nm连续波长的强激发光。光源发出的光经透镜、滤光片(或单色器)后,分离出具有确定波长的激发光,聚焦在流通池上,流通池中的溶质受激后产生荧光。为避免激发光的干扰,只测量与激发光成90°方向的荧光,此荧光强度与产生荧光物质的浓度成正比。此荧光通过透镜聚光,再经滤光片(或单色器)选择出所需检测的波长,聚焦在光电倍增管上,将光能转变成电信号,再经放大,送入微处理机。

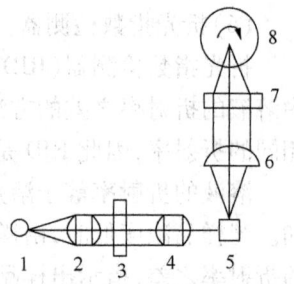

图1-25 直角型荧光检测器的光路图
1—氙灯;2,4,6—聚光透镜;
3,7—滤光片;5—流通池;
8—光电倍增管

荧光检测器的灵敏度比紫外吸收检测器高100倍,当要对痕量组分进行选择性检测时,它是一种有力的检测工具。但它的线性范围较窄,不宜作为一般的检测器来使用的,可用于梯度洗脱。测定中不能使用可熄灭、抑制或吸收荧光的溶剂作流动相。对不能直接产生荧光的物质,要使用色谱柱后衍生技术,操作比较复杂。此检测器现已在生物化工、临床医学检验、食品检验、环境监测中获得广泛的应用。

四、色谱指标的测定

JBB001 气相色谱法测定卤代烃的检测指标

(一)气相色谱法检测指标

1. 卤代烃的测定

测定卤代烃前,需要对色谱柱进行老化,其目的是设置老化温度时,不允许超过固定液的最高使用温度。老化时间的长短与固定液的特性有关,根据涂渍固定液的百分数合理设置老化温度,老化时间与所用检测器的灵敏度和类型有关。

用气液色谱测定卤代烃时,固定相中担体的作用是提供大的表面支撑固定液。在气固色谱中,各组分在吸附剂上分离的原理是各组分的吸附能力不一样,用气相色谱法测定卤代烃过程中,可用作定量的参数是峰面积。

JBB002 气相色谱法测定苯系物的检测指标

2. 苯系物的测定

测定苯系物通常使用气相色谱仪中的氢火焰离子化检测器。使不易分离的多种物质能很好分离的前提下,尽可能采用较低的柱温,实际选择载气流速时,一般略高于最佳流速。顶空法测定苯系物所需水样10mL。水中苯系物经二硫化碳萃取后,需用硫酸—磷酸混合溶液去除醇、酯、醚等干扰物质。

JBB003 气相色谱法测定有机氯农药的检测指标

3. 有机氯农药残留量的测定

有机氯农药残留量的测定方法主要有气相色谱法和薄层色谱法,气相色谱法测定有机氯农药通常选用电子捕获检测器。有机氯农药所需水样500mL。测定DDT时,环己

烷萃取后应用浓 H_2SO_4 去除有机磷农药的干扰及不饱和烃测定等有机物对 ECD 的影响。

(二) 液相色谱法检测指标

1. 微囊藻毒素的测定

样品前处理包括水养富集、滤膜冻融。水样过滤后,滤液(水样)经反相硅胶柱富集萃取浓缩,藻细胞(膜样)经冻融萃取,反相硅胶柱富集萃取浓缩后,分别用高压液相色谱分析。《生活饮用水卫生标准》(GB 5749—2006)中要求采用高效液相色谱法测定的微囊藻毒素的成分是 MC-LR,规定生活饮用水中微囊藻毒素的含量不应超过 0.001mg/L。

2. 苯酚类的测定

可以使用液相色谱和气相色谱法测定苯酚。因为不具有荧光效应,所以不可以使用荧光检测器。在检测样品中酚类化合物前,应向样品中加入保存剂,使 pH<2,冷冻保存。

测定苯酚时,液相色谱流动相过滤必须使用粒径为 0.45μm 的过滤膜。使用液相色谱法检测苯酚类过程中,改变流动相流速不会显著影响分离效果。

3. 邻苯二甲酸酯类的测定

邻苯二甲酸酯类包括 DEHP、BBP、DMP 等。

测定邻苯二甲酸酯类时,最先从色谱柱中流出的物质是最难溶解或吸附的组分。为了改变色谱柱的选择性,可以进行改变流动相或固定相种类的操作。其他条件不变,更换更长的色谱柱,有利于改善分离度。

4. 呋喃丹的测定

《生活饮用水卫生标准》(GB 5749—2006)中规定 106 项检测指标中呋喃丹属于农药指标。用高效液相色谱法检测呋喃丹的同时,还可以同时检测甲萘威。此项目可以利用衍生化技术进行监测分析。检测过程中样品经分离后,氨基甲酸酯类化合物与氢氧化钠发生水解反应,生成甲胺,再与邻苯二醛、2-巯基乙醇生成一种强荧光的异吲哚的物质,可用荧光检测起定量。

(三) 离子色谱法检测指标

1. 阴离子的测定

水样中待测阴离子(氟、氯、硝酸根、亚氯酸根、氯酸根、溴酸根等)随碳酸盐—重碳酸盐淋洗液进入离子交换柱系统(由保护柱和分离柱组成),根据分离柱对各阴离子不同的亲和度进行分离,已分离的阴离子流经阳离子交换柱或抑制器系统转换成具有高电导度的强酸,淋洗液则转变为弱电导度的碳酸。由电导检测器测量各阴离子组分的电导率,以各阴离子组分的峰高或峰面积进行定量。

离子色谱法可同时测定氟化物、氯化物、硝酸盐、硫酸盐、磷酸盐,为了防止分离柱系统阻塞,样品必须经过 0.20μm 滤膜过滤。含高浓度钙、镁的水样,应先经过强酸性阳离子交换柱处理。不同浓度的离子同时分析时相互干扰,可采用水样预浓缩、梯度淋洗、流出组分收集后重新分析的方法消除干扰。

离子色谱法测定硫酸盐时,如果样品硬度高,可先经过阳离子交换树脂柱。测定硫酸盐时,水样中经色谱分离的阴离子在抑制器系统中转变为高电导率的强酸。

水中硝酸盐太大会对氯酸盐的测定有严重干扰,可以通过稀释样品及改变淋洗条件来改善。利用电导检测器检测样品时,相同浓度的氯化物和溴酸盐,溴酸盐的峰面积小。

2. 氯酸盐和亚氯酸盐的测定。

生活饮用水在使用二氧化氯作为消毒剂时,需测定亚氯酸盐的含量,因为亚氯酸盐属于二氧化氯消毒过程中产生的消毒副产物。测定亚氯酸盐时,如果样品中二氧化氯浓度过高,通过吹入氮气和加入乙二胺作保护剂消除干扰。亚氯酸盐含量不得超过 0.7mg/L。

水中氯酸盐和亚氯酸盐随碳酸盐淋洗液进入离子色谱交换系统(由保护住和分离柱组成),根据分离柱对二者不同亲和力进行分离,已分离的氯酸盐和亚氯酸盐流经抑制器系统转化成具有高电导度的强酸,而淋洗液则转化成弱电导度的碳酸,有电导检测器测量各种组分的电导率,以相对保留时间定性,峰面积或峰高定量。

3. 溴酸盐的测定

利用离子色谱检测溴酸盐,通常使用电导检测器。如果样品中有机物含量过高,可以将样品先通过 RP 柱,以去除干扰。为了提高溴酸盐的检测效果,可以采取梯度淋洗、降低进样量。可以通过增大进样量来改善响应值低的问题。

4. 阳离子的测定

离子色谱法可同时测定锂、钙、镁、钾、钠阳离子,原理与测定阴离子相同。生活饮用水 106 项的监测指标不包括水中的锂。由于锂、钙、镁、钾、钠五种阳离子的结构不同,它们对低交换量的阳离子交换树脂的亲和力也不相同。

项目二　使用液相色谱仪

一、准备工作

(一)仪器设备

高效液相色谱仪 1 台(1260 型),打印机、计算机各 1 台。

(二)材料、工具

甲醇 1 瓶(色谱纯),纯水 1L(一级)。

(三)人员

1 人操作,持证上岗,劳动保护用品穿戴齐全。

二、操作步骤

(一)开机

开启计算机、仪器各组成模块,待仪器自检通过后,进入工作站。检查溶剂瓶内试剂存量,核对并修改录入正确的"填充瓶"体积数值。对所使用的溶剂流路进行"排空"操作。

(二)样品分析

(1)设置自动进样器、高压输液泵、柱温箱、DAD 检测器、荧光检测器的运行参数。

(2)编辑数据采集方法:设置数据存储目录、数据文件存储名称。

(3)编辑序列表:设置样品名称、进样编号、方法名称、进样次数、进样量。平衡系统后,运行序列,对样品进行分析。

(4)处理检测数据:积分色谱图,打印谱图,填写检测原始记录单。

(三)关机

冲洗液相色谱系统,关闭各模块电源。

项目三 使用气相色谱仪

一、准备工作

(一)仪器设备

气相色谱仪1台(7890A型),顶空进样器1台(7697A型),打印机、计算机各1台。

(二)材料、工具

甲醇1瓶(色谱纯),纯水1L(一级),氮气1瓶(高纯气体),氢气1瓶(高纯气体),空气1瓶(高纯气体),氦气1瓶(高纯气体),试漏液1瓶。

(三)人员

1人操作,持证上岗,劳动保护用品穿戴齐全。

二、操作步骤

(一)开气

选用合格的气瓶作为气源,打开气瓶及压力表,用试漏液排查气路。

(二)开机

开启计算机、顶空进样器及色谱主机,待自检通过后,进入工作站。

(三)样品分析

(1)设置顶空进样器炉温、进样针温度,设置气相色谱仪进样口温度、进样口压力、柱箱温度、分流比、检测器参数。

(2)编辑数据采集方法:设置数据存储目录、数据文件存储名称。

(3)编辑序列表:设置样品名称、进样编号、方法名称、进样次数、进样量。平衡系统后,运行序列,对样品进行分析。

(4)处理检测数据:积分色谱图,打印谱图,填写检测原始记录单。

(四)关机

关闭可燃气和助燃气,进样口温度设置为off,检测器设置为off,柱箱温度设置为接近室温,待炉箱、进样针、进样口、柱箱、检测器温度降至80℃以下时,关上主机电源,关闭载气,关闭计算机。

(五)关气

关闭气瓶及压力表。

项目四　使用离子色谱仪

一、准备工作

(一)仪器设备

离子色谱仪 1 台(ICS-2500 型),打印机、计算机各 1 台。

(二)材料、工具

纯水 1L(一级),氮气 1 瓶(高纯气体),注射器(50mL) 1 个。

(三)人员

1 人操作,持证上岗,劳动保护用品穿戴齐全。

二、操作规程

(一)开气

选用合格的气瓶作为气源,打开气瓶及压力表,用试漏液排查气路。检查溶剂瓶内淋洗液容量情况,打开淋洗液氮气开关,调节压力至 55kPa 左右。

(二)开机

开启计算机、仪器各组成模块,待仪器自检通过后,进入工作站。打开排液阀、排气阀对泵进行排废液、排空气操作,排放彻底后关闭阀门。

(三)样品分析

(1)编写程序文件:设置泵的类型、流速压力范围、注射方式、注射间期、ECD 模式、数据采集时间段及通道、柱箱温度、数据采集频率、抑制器类型、淋洗液浓度。

(2)编辑序列表:设置样品名称、进样编号、方法名称、进样次数、进样量。平衡系统后,运行序列,对样品进行分析。

(3)处理检测数据:积分色谱图,打印谱图,填写检测原始记录单。

(四)关机

关机前用注射器吸取纯水冲洗泵头,先关掉淋洗液压力开关,再打开淋洗瓶上的排气阀,放掉系统内的氮气。关闭各模块电源,关闭计算机。

项目五　测定溴酸盐

一、准备工作

(一)仪器设备

离子色谱仪 1 台(ICS-2500 型),打印机、计算机各 1 台,电子天平 1 台(万分之一级)。

（二）材料、工具

纯水5L(一级)，氮气1瓶(高纯气体)，注射器(50mL) 1个。碳酸氢钠5g(优级纯)，碳酸钠5g(优级纯)，溴酸钠5g(优级纯)，溴酸盐标准样品1支。

容量瓶7支(100mL)，容量瓶1支(500mL)，容量瓶1支(2000mL)，大肚移液管各2个(1mL、2mL、5mL、10mL)，大肚移液管各1个(15mL)。

（三）人员

1人操作，持证上岗，劳动保护用品穿戴齐全。

二、操作步骤

（一）准备工作

(1) 将玻璃器皿洗涤干净。

(2) 配置淋洗液：称取0.2856g碳酸氢钠和0.3816g碳酸钠，用纯水溶解，定容至2L。

（二）制备标准曲线系列溶液

(1) 配置溴酸盐标准储备溶液(1.0mg/mL)：称取0.01180g溴酸钠，用纯水溶解，定容至100mL。

(2) 配置溴酸盐标准中间溶液(10mg/L)：使用大肚移液管准确吸取5mL溴酸盐标准储备溶液，用纯水定容至500mL。

(3) 配置溴酸盐标准使用溶液(1.0mg/mL)：使用大肚移液管准确吸取10mL溴酸盐标准中间溶液，用纯水定容至100mL。

(4) 配置标准曲线系列溶液：分别向5支100mL容量瓶中移取1mL、2mL、5mL、10mL、15mL溴酸盐标准储备溶液用纯水稀释至刻度，混匀。

（三）开气

选用合格的气瓶作为气源，打开气瓶及压力表，用试漏液排查气路。将配置好的淋洗液倒入仪器溶剂瓶，打开淋洗液氮气开关，调节压力至55kPa左右。

（四）开机

开启计算机、仪器各组成模块，待仪器自检通过后，进入工作站。对高压泵进行排废液、排空气操作。更换进样定量环。平衡系统至系统基线平稳。

（五）样品分析及质量控制措施

(1) 编写程序文件：设置淋洗液浓度、淋洗液流速、柱箱温度、抑制器电流强度、样品分析时间。

(2) 编辑序列表：设置样品名称、进样编号、方法名称、进样次数、进样量。

(3) 将纯水空白、标准系列、标准样品、平行样品根据序列表编辑内容放入自动进样器指定位置，运行序列分析完成后，根据标准系列检测结果建立溴酸盐标准曲线信息，根据标准曲线信息计算标准样品浓度，分析方法准确度。根据平行样检测结果，分析方法精密度。

（六）关机

关机前用注射器吸取纯水冲洗泵头，然后关闭淋洗液压力开关，打开淋洗瓶上的排气阀，放掉系统内的氮气。关闭各模块电源，关闭计算机。

(七)关气

关闭气瓶及压力表。

项目六 测定氯化物

一、准备工作

(一)仪器设备

离子色谱仪1台(ICS-2500型),打印机、计算机各1台,电子天平1台(万分之一级)。

(二)材料、工具

纯水5L(一级),氮气1瓶(高纯气体),注射器(50mL)1个。碳酸氢钠5g(优级纯),碳酸钠5g(优级纯),氯化钠5g(优级纯),氯化物标准样品1支。

容量瓶5支(100mL),容量瓶1支(1000mL),容量瓶1支(2000mL),大肚移液管各1个(5mL、10mL、15mL、20mL)。

(三)人员

1人操作,持证上岗,劳动保护用品穿戴齐全。

二、操作步骤

(一)准备工作

(1)将玻璃器皿洗涤干净。

(2)配置淋洗液:称取0.2856g碳酸氢钠和0.3816g碳酸钠,用纯水溶解,定容至2L。

(二)制备标准曲线系列溶液

(1)配置氯化物标准储备溶液(1.0mg/mL):称取1.6485g氯化钠,用纯水溶解,定容至1000mL。

(2)配置标准曲线系列溶液:分别向5支100mL的容量瓶中移取5mL、10mL、15mL、20mL、25mL氯化物标准储备溶液,用纯水稀释至刻度,混匀。

(三)开气

选用合格的气瓶作为气源,打开气瓶及压力表,用试漏液排查气路。将配置好的淋洗液倒入仪器溶剂瓶,打开淋洗液氮气开关,调节压力至55kPa左右。

(四)开机

开启计算机、仪器各组成模块,待仪器自检通过后,进入工作站。对高压泵进行排废液、排空气操作。平衡系统至系统基线平稳。

(五)样品分析及质量控制措施

(1)编写程序文件:设置淋洗液浓度、淋洗液流速、柱箱温度、抑制器电流强度、样品分析时间。

(2)编辑序列表:设置样品名称、进样编号、方法名称、进样次数、进样量。

(3)将纯水空白、标准系列、标准样品、平行样品根据序列表编辑内容放入自动进样器指定位置,运行序列。分析完成后,根据标准系列检测结果建立氯化物标准曲线信息,根据标准曲线信息计算标准样品浓度,分析方法准确度。根据平行样检测结果,分析方法精密度。

(六)关机

关机前用注射器吸取纯水冲洗泵头,然后关闭淋洗液压力开关,打开淋洗瓶上的排气阀,放掉系统内的氮气。关闭各模块电源,关闭计算机。

(七)关气

关闭气瓶及压力表。

三、注意事项

氯化钠要干燥至恒重。

项目七 测定亚氯酸盐

一、准备工作

(一)仪器设备

离子色谱仪1台(ICS-2500型),打印机、计算机各1台,电子天平1台(万分之一级)。

(二)材料、工具

纯水5L(一级),氮气1瓶(高纯气体),注射器(50mL)1个。碳酸氢钠5g(优级纯),碳酸钠5g(优级纯),亚氯酸盐标准溶液1支,亚氯酸盐标准样品1支。容量瓶5支(100mL),容量瓶1支(2000mL),大肚移液管各1个(1mL、2mL、3mL、4mL、5mL)。

(三)人员

1人操作,持证上岗,劳动保护用品穿戴齐全。

二、操作步骤

(一)准备工作

(1)将玻璃器皿洗涤干净。

(2)配置淋洗液:称取0.2856g碳酸氢钠和0.3816g碳酸钠,用纯水溶解,定容至2L。

(二)制备标准曲线系列溶液

(1)使用具备证书的标准溶液,根据证书要求稀释定容标准溶液,作为亚氯酸盐标准储备溶液。

(2)配置标准曲线系列溶液:分别向5支100 mL容量瓶中移取1mL、2mL、3mL、4mL、5mL亚氯酸盐标准储备溶液,用纯水稀释至刻度,混匀。

(三)开气

选用合格的气瓶作为气源,打开气瓶及压力表,用试漏液排查气路。将配置好的淋洗液倒入仪器溶剂瓶,打开淋洗液氮气开关,调节压力至55kPa左右。

(四)开机

开启计算机、仪器各组成模块,待仪器自检通过后,进入工作站。对高压泵进行排废液、排空气操作。平衡系统至系统基线平稳。

(五)样品分析及质量控制措施

(1)编写程序文件:设置淋洗液浓度、淋洗液流速、柱箱温度、抑制器电流强度、样品分析时间。

(2)编辑序列表:设置样品名称、进样编号、方法名称、进样次数、进样量。

(3)将纯水空白、标准系列、标准样品、平行样品根据序列表编辑内容放入自动进样器指定位置,运行序列。分析完成后,根据标准系列检测结果建立亚氯酸盐标准曲线信息。根据标准曲线信息计算标准样品浓度,分析方法准确度。根据平行样检测结果,分析方法精密度。

(六)关机

关机前用注射器吸取纯水冲洗泵头,然后关闭淋洗液压力开关,打开淋洗瓶上的排气阀,放掉系统内的氮气。关闭各模块电源,关闭计算机。

(七)关气

关闭气瓶及压力表。

项目八 测定微囊藻毒素

一、准备工作

(一)仪器设备

液相色谱仪1台(1260型),固相萃取设备1套,氮吹仪、真空泵、离心机、振荡机、冰箱各1台,打印机、计算机各1台。

(二)材料、工具

甲醇1瓶(色谱纯),冰乙酸1瓶(优级纯),纯水5L(一级),GF/C滤膜1盒(0.45μm),固相萃取柱1盒(C_{18}),微囊藻毒素标准溶液1支,微囊藻毒素标准样品1支。

容量瓶5支(100mL),大肚移液管各1个(1mL、5mL、10mL、20mL、50mL)。

(三)人员

1人操作,持证上岗,劳动保护用品穿戴齐全。

二、操作步骤

(一)准备工作

将玻璃器皿洗涤干净。

(二)水样前处理

取1000mL样品,通过GF/C滤膜进行过滤,向滤液中加入10mL甲醇作为基体改进剂,进固相萃取装置进行富集。

滤膜在 -20℃ 环境下冻融 3 次,每次冻融后用 5% 的乙酸 100mL 萃取 30min,再离心 10min 后,合并上清液进固相萃取装置进行富集。

活化固相萃取柱,依次用 10mL 的甲醇和纯水活化 C_{18} 柱,然后连接样品启动真空泵进行富集,富集速度控制在 1~5mL/min。样品富集结束后使用 20% 的甲醇 10mL 对 C_{18} 柱进行杂质淋洗。淋洗结束后,使用 10mL 甲醇对 C_{18} 柱进行洗脱,洗脱液在氮吹仪中浓缩至近乎干燥,再用 1mL 甲醇溶解,待测。

(三)制备标准曲线系列溶液

使用具备证书的标准溶液,根据证书要求稀释定容标准溶液,作为微囊藻毒素标准储备溶液。

配置标准系列溶液:准确移取标准储备液,配置称浓度分别为 0.1mg/L、0.5mg/L、1.0mg/L、2.0mg/L、5.0mg/L 的微囊藻毒素标准溶液系列。

(四)开机

开启计算机、仪器各组成模块,待仪器自检通过后,进入工作站。检查溶剂瓶内试剂存量,核对并修改录入正确的"填充瓶"体积数值。对所使用的溶剂流路进行"排空"操作。平衡系统后,运行序列,对样品进行分析。

(五)样品分析及质量控制措施

(1) 设置自动进样器、高压输液泵、柱温箱、DAD 检测器、荧光检测器的运行参数。

(2) 编辑数据采集方法:设置数据存储目录、数据文件存储名称。

(3) 编辑序列表:设置样品名称、进样编号、方法名称、进样次数、进样量。

(4) 将纯水空白、标准系列、标准样品、平行样品、水样根据序列表编辑内容放入自动进样器指定位置,运行序列。

(5) 分析完成后,根据标准系列检测结果建立微囊藻毒素标准曲线信息。根据标准曲线信息,计算标准样品浓度,分析方法准确度;根据平行样检测结果,分析方法精密度。

(6) 处理水样检测结构:积分色谱图,打印谱图,填写检测原始记录单。

(六)关机

冲洗液相色谱系统。关闭各模块电源。

项目九 富集微囊藻毒素样品

一、准备工作

(一)仪器设备

固相萃取设备 1 套,氮吹仪、真空泵、离心机、振荡机、冰箱各 1 台。

(二)材料、工具

甲醇 1 瓶(色谱纯),冰乙酸 1 瓶(优级纯),纯水 5L(一级),GF/C 滤膜 1 盒(0.45μm),固相萃取柱 1 盒(C18),氮气 1 瓶。

锥形瓶 10 支(200mL),样品瓶 10 个(1000mL),玻璃试管 10 个(20mL)。

(三)人员

1人操作,持证上岗,劳动保护用品穿戴齐全。

二、操作步骤

(一)准备工作

将玻璃器皿洗涤干净。

(二)水样前处理

取 1000mL 样品,通过 GF/C 滤膜进行过滤,然后向滤液中加入 10mL 作为基体改进剂,上固相萃取装置进行富集。

滤膜在 $-20℃$ 环境下冻融 3 次,每次冻融后,用 5% 的乙酸 100mL 萃取 30min,再用离心机以 4000r/min 离心 10min 后,合并上清液,上固相萃取装置进行富集。

另取 2 个相同样品进行平行操作。

活化固相萃取柱,依次用 10mL 的甲醇和纯水活化 C_{18} 柱,然后连接样品,启动真空泵进行富集,富集速度控制在 $1\sim 5mL/min$。

样品富集结束后,使用 20% 的甲醇 10mL 对 C_{18} 柱进行杂质淋洗。淋洗结束后,使用 10mL 甲醇对 C_{18} 柱进行洗脱。

(三)样品浓缩

将洗脱液放置于氮吹仪中,水浴温度设置为 45℃,打开氮吹仪电源,开启气路,调节氮气分压在 0.5MPa 左右,启动氮吹仪。

待浓缩液浓缩至近乎干燥,取出,用甲醇将残渣溶解,待溶液温度降至室温,准确定容至 1mL,待测。

模块二 光谱分析

项目一 相关知识

一、ICP-MS 联用技术

(一) ICP-MS 联用技术概述

> JBC001 ICP-MS 联用技术的概述

电感耦合等离子体—质谱法又被称为 ICP-MS(Inductively coupled plasma mass spectrometry)是一种同时测定痕量多元素的无机质谱技术。它是一种以电感耦合等离子体作为离子源,以质谱进行检测的无机多元素分析的技术。ICP 和 MS 技术的联姻是 20 世纪 80 年代初分析化学领域最成功的创举,也是分析科学家们最富有成果的一次国际性技术合作,从 1980 年第一篇 ICP-MS 的可行性文章发表到 1983 年第一台商品化仪器问世只有三年时间。

ICP-MS 的基本原理是被分析样品以水溶液的气溶胶形式引入氩气流中,然后进入由射频能量激发的处于大气压下的氩等离子体中心区;等离子的高温使样品去溶剂化、汽化解离和电离,部分等离子体经过不同的压力区进入真空系统,在真空系统里,正离子被拉出并按其质荷比分离;检测器将离子转化为电子脉冲,然后由积分测量线路计数;电子脉冲的大小与样品中分析离子的浓度有关,通过与已知的标准或参比物质比较,实现未知样的痕量元素定量分析。

ICP-MS 所用电离源是感应耦合等离子体,电离源主体是一个由三层石英套管组成的炬管,炬管上端绕有负载线圈,三层管从里到外分别通载气、辅助气和冷却气,负载线圈由高频电源耦合供电,产生垂直于线圈平面的磁场。其作用是将被分析样品分子电离成带电的离子,并使这些离子在离子光学系统的作用下,汇聚成有一定几何形状和一定能量的离子束,然后进入质量分析器被分离。电子轰击电离的特点是稳定,操作方便,电子流强度可精密控制,电子效率高,结构简单,控温方便,所形成的离子具有较窄的动能分散,所得的质谱图是特征的,重现性好。质量分析器是质谱仪的核心,是它将离子源产生的离子按质量和电荷比的不同、在空间的位置、时间的先后或轨道的稳定与否进行分离,以便得到按质核比大小顺序排列而成的质谱图。

ICP-MS 的优点是:多元素快速分析,动态线性范围宽;检出限低;在大气压下进样,便于与其他进样技术联用,如 HPLC-ICP-MS;可进行同位素分析,单元素和多元素分析以及有机物中金属元素的形态分析。

ICP-MS 的缺点是:运行费用较高,需要有好的操作经验,样品介质的影响较大,ICP 高温引起化学反应的多样化,经常使分子离子的强度过高干扰测量等。

(二) ICP-MS 联用技术的应用

> JBC002 ICP-MS 联用技术的应用

1. ICP-MS 在环境样品分析中的应用

保护环境,实现可持续发展,正成为全世界的共识。随着环境法规对一些有毒有害元素的检测限要求的提高,对分析技术也提出了越来越多的需求。根据建设部《城市供水业 2000 年技术进步发展规划》,新增水质指标项,其中要求检测的金属和非金属元素共有

23 种(新增 12 种),包括 Fe、Mn、Cu、Zn、As、Se、Hg 等,这些元素的浓度范围波动极大,传统的分析方法 ICP-AES、GF-AAS 和 CV-AAS 等难以快速高效地满足测定要求。ICP-MS 技术的出现,可以快速高效地同时测定多种金属。同时 ICP-MS 技术还可以直接测定海水中与环境污染或水文变化相关的多种元素。金属元素准确测定的意义在于:水体中的重金属浓度为 0.01~10mg/L 时,可产生毒性效应;微生物不能降解重金属;生物体从环境中摄取重金属,并会在体内大量积累,经过食物链进入人体;重金属进入人体后,能够使某些生理高分子物质失去活性,造成中毒。

2. ICP-MS 与其他技术的联用及其在生命科学研究中的应用

随着生命科学研究的发展,对环境卫生规划的要求不断提高。对元素分析的最小检测限要求越来越低,对元素存在的形态要求也越明确。元素的形态不同,其作用的机理完全不同,因此,如果仅研究体系中元素的总含量,已经不足以研究该元素在体系中的生理和毒理作用,如 Cr(Ⅲ)对人体大有益处,但 Cr(Ⅵ)则会引起皮肤病、肺癌等。ICP-MS 技术与离子色谱技术联用分别测定 Cr(Ⅲ)和 Cr(Ⅵ)已经是十分成熟的方法,其检测限可以达 ppt 级,并且操作时间短,操作简便,大大节省人力、物力。HG-ICP-MS(氢化物发生器与 ICP-MS)联用技术在海水中对超痕量污染物(As、Se、Sb)等易受干扰难测元素分析的应用中具有一定优越性。GC-ICP-MS 技术已被用于多种污染物的形态分析,如船用涂料中有机 Sn 的影响会使牡蛎大量死亡,用 GC-ICP-MS 技术可分离出不同形态的有机锡代谢产物,从而推动了船用涂料的改进。在底泥中也曾用 GC-ICP-MS 联用技术分离测定二甲基铅、二乙基铅等多种有机铅形态,推动汽车污染的环境迁移研究。

色谱-ICP 质谱联用技术与 AAS 和 AES 等分析技术相比,具有检出限低、分析速度快、动态范围宽、能同时分析多种元素、可进行同位素分析等特点。

高效毛细管电泳技术(CE)是目前最强有力的分离技术,CE 与 ICP-MS 的强检测能力结合起来是将来联用技术最有潜力的应用领域。许多科学家都已在这一领域做了探索工作,这种技术也在生物化学领域有了一些具体的应用。与环境化学、毒理学等生命科学研究关系最密切的应用当属高效液相色谱分离(HPLC)与 ICP-MS 联用技术。HPLC-ICP-MS 可用于研究生物体内金属元素与多种氨基酸、多肽和蛋白质结合的机理以及某些元素对酶的位点的作用过程。

二、原子吸收光谱法

JBC003 原子吸收光谱法的概述

(一)原子吸收光谱法概述

原子吸收光谱法是 20 世纪 50 年代创立的一种新型仪器分析方法,它与主要用于无机元素定性分析的原子发射光谱法相辅相成,已成为对无机化合物进行元素定量分析的主要手段。原子吸收光谱是指在蒸气相中的基态原子吸收该元素特征辐射光线而产生的吸收光谱。原子吸收光谱法是指根据被测元素基态原子对共振辐射的吸收程度,来确定试样中被测元素浓度的方法。原子吸收光谱法原则上可以测定所有元素,因为所有元素的原子都可以被激发,且可以吸收辐射。原子吸收光谱使用的波长范围取决于光源、分光系统和检测器。在实际工作中,该范围通常是从最灵敏的铯的共振线 852.1nm,到砷测定最常用的分析线 193.7nm 处。它的主要功能是测定各种无机和有机样品中金属和非金属元素的含量。

原子吸收光谱法具有以下特点:

(1)灵敏度高。火焰原子吸收灵敏度对多数元素在 μg/mL 级。无火焰原子吸收比火焰原子吸收的灵敏度还要高几十倍到几百倍。

(2) 准确度高。火焰原子吸收法的准确度接近于化学分析，相对误差小于1%；石墨炉原子吸收法的相对误差约为3%~5%。

(3) 选择性好。通常共存元素对被测元素干扰少，一般不需分离共存元素就可进行测定。

(4) 分析速度快。仪器操作简便、可在较短时间完成大量样品的测定，且重现性良好。

(5) 应用范围广。可测定周期表上70多种元素，除金属元素外，还可用氢化物原子化法测定非金属元素。

(二) 原子吸收光谱仪的原理

原子吸收是指呈气态的原子对由同类原子辐射出的特征谱线所具有的吸收现象。当辐射投射到原子蒸气上时，如果辐射波长相应的能量等于原子由基态跃迁到激发态所需要的能量时，基态原子吸收辐射能量，最外层的电子产生跃迁，从低能态跃迁到激发态，从而产生吸收光谱。

原子吸收光谱仪的原理是样品经适当前处理后，进入原子化器，所含的待测元素离子在原子化器中成为原子蒸气，待测元素的基态原子吸收来自同种元素空心阴极灯发射的共振线，其吸收强度在一定范围内与金属浓度成正比。

原子吸收光谱根据郎伯—比耳定律来确定样品中化合物的含量，即：

$$A = -\lg \frac{I}{I_0} = -\lg T = KcL \tag{2-1}$$

式中 A——吸光度；

I_0——入射光强度；

I——透射光强度；

T——透过率；

K——吸光系数；

c——样品中被测元素的浓度；

L——光通过原子化器的光程。

朗伯—比耳吸收定律的定量依据：通过测量辐射光源的吸收程度，可以定量确定分析物的含量。

原子吸收光谱是一种相对分析方法，用校正曲线进行定量。常用的定量方法有标准曲线法和标准加入法。标准曲线法是最基本的定量方法，是其他定量方法的基础。标准曲线法是指用标准溶液配制标准系列，分别测定其吸光度；以测得的吸光度为纵坐标，元素浓度为横坐标，建立校正曲线 $A = f(c)$。在相同的实验条件下，测定样品试样溶液的吸光度 A_x，根据测得的吸光度 A_x 从校正曲线上求出样品中待测元素的含量 c_x。它的优点是简单、快速；缺点是仅适用于组成简单、干扰较少的样品。标准曲线图如图2-1所示。

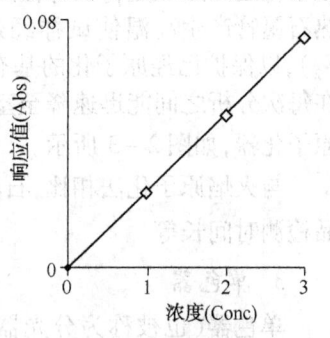

图2-1 标准曲线图

(三) 原子吸收光谱仪的组成

原子吸收光谱仪由光源、原子化系统、单色器、检测器、数据处理输出系统5部分组成，其中光源和原子化器是仪器的核心。

1. 光源

光源能够发射待测元素的特征光谱,光源的作用是用来发射被测元素的特征共振辐射,也就是说产生分析元素的共振吸收光,为特征辐射光源。对光源的基本要求是发射的共振辐射的半宽度要明显小于吸收线的半宽度;辐射的强度大;辐射光强稳定,使用寿命长、稳定性高等。通常使用空心阴极灯(又称元素灯如图2-2所示)或无极放电灯作为原子吸收分光光度计的光源。空心阴极灯的优点是经济、元素齐全、通用,供电系统包含于仪器中;缺点是某些特殊元素强度不够高。

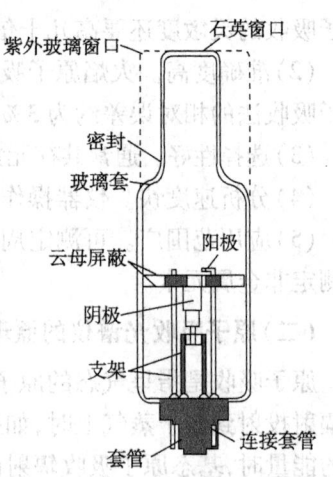

图2-2 空心阴极灯结构图

2. 原子化系统

在原子吸收光谱仪中,原子化器的作用就是将样品中的目标元素从原来的分子状态、离子状态变成为处于基态的自由原子。原子化器是原子吸收光谱仪最重要和最关键的部件,是直接决定仪器分析灵敏度的关键因素。常用的原子化器有火焰原子化器和无火焰原子化器。常用的原子化器主要有:火焰原子化器、石墨炉原子化器、氢化物发生原子化器、冷蒸气发生原子化器。

(1)火焰原子化器。

火焰原子化器由雾化器、雾化室和燃烧头三部分组成。用火焰使试样原子化是目前广泛应用的一种方式。它是将液体试样经喷雾器形成雾粒,这些雾粒在雾化室中与气体(燃气与助燃气)均匀混合,除去大液滴后,再进入燃烧器形成火焰。此时,试液在火焰中产生原子蒸气。

火焰原子化法的优点:操作简便,重现性好,有效光程大,对大多数元素有较高灵敏度,因此应用广泛。缺点:原子化效率低,灵敏度不够高,而且一般不能直接分析固体样品。

(2)无火焰原子化装置。

无火焰原子化装置又称电热原子化装置,目前广泛使用的为石墨炉原子化器。石墨炉原子化法的过程是将试样注入石墨管中间位置,利用低压(10~25V)、大电流(300A)来加热石墨管产生高温使试样经过干燥、灰化和原子化。石墨管要连续通入惰性气体(Ar或N_2),以保护已经原子化的基态原子不再被氧化,同时用来清洗和保护石墨管。为使石墨管在每次分析之间能迅速降至室温,由石墨管上部的冷却水入口通入20℃的水以冷却石墨炉原子化器,如图2-3所示。

与火焰原子化法相比,石墨炉原子化法的特点是灵敏度高、检测限低、样品用样量少、样品检测时间长等。

3. 单色器

单色器(也被称为分光器)的作用是将元素灯所产生的特定被分析元素的特征谱线从其他非特征谱线中分离出来。单色器由入射和出射狭缝、反射镜和色散元件组成,其作用是将所需要的共振吸收线分离出来。单色器的关键部件是色散元件,一般仪器都是使用光栅作为色散元件。

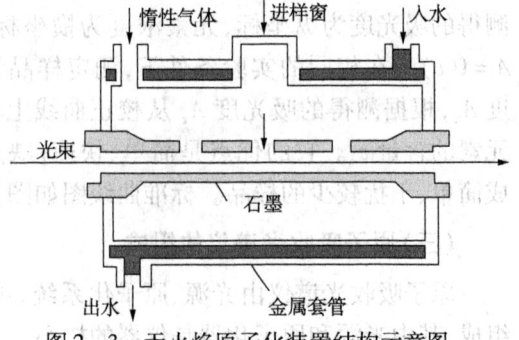

图2-3 无火焰原子化装置结构示意图

4. 检测器

检测器的作用是将单色器分出的光信号进行光电转换。原子吸收光谱仪中广泛使用的检测器是光电倍增管,一些仪器也采用 CCD 作为检测器。

5. 数据处理输出系统

数据处理输出系统的作用是将检测器的相应值转换成有用的分析测量值。

(四) 原子吸收光谱法的应用

原子吸收光谱分析现已广泛用于各个分析领域,主要应用于四个方面:理论研究、元素分析、有机物分析和金属化学形态分析。

> JBC006 原子吸收分光光度法的应用

1. 理论研究中的应用

原子吸收可作为物理和物理化学的一种实验手段,对物质的一些基本性能进行测定和研究。电热原子化器容易做到控制蒸发过程和原子化过程,所以用它测定一些基本参数有很多优点。例如,用电热原子化器所测定一些有元素离开机体的活化能、气态原子扩散系数、解离能、振子强度、光谱线轮廓的变宽、溶解度、蒸气压等。

2. 元素分析中的应用

原子吸收光谱分析,由于其灵敏度高、干扰少、分析方法简单快速,现已经广泛地应用于工业、农业、生化、地质、冶金、食品、环保等各个领域,目前原子吸收已经成为金属元素分析的强有力工具之一,而且在许多领域已经成为标准分析方法。

3. 有机物分析中的应用

利用间接法可以测定多种有机物。例如,8-羟基喹啉(含 Cu)、醇类(含 Cr)、醛类(含 Ag)、酯类(含 Fe)、酚类(含 Fe)、联乙酰(含 Ni)、酞酸(含 Cu)、脂肪胺(含 Co)、氨基酸(含 Cu)、维生素 C(含 Ni)、氨茴酸(含 Co)、异烟肼(含 Cu)、甲酸奎宁(含 Zn)、有机酸酐(含 Fe)、苯甲基青霉素(含 Cu)、葡萄糖(含 Ca)等多种有机物,均可以通过与相应的金属元素之间的化学计量反应而间接测定。

4. 金属化学形态分析中的应用

通过气相色谱和液体色谱分离然后以原子吸收光谱加以测定,可以分析同种金属元素的不同有机化合物。例如,汽油中 5 种烷基铅,大气中的 5 种烷基铅、烷基硒、烷基胂、烷基锡,水体中的烷基胂、烷基铅、烷基揭、烷基汞、有机铬,生物中的烷基铅、烷基汞、有机锌、有机铜等多种金属有机化合物,均可通过不同类型的光谱原子吸收联用方式加以鉴别和测定。

(五) 原子吸收光谱仪的操作方法及操作要点

在仪器操作前应仔细阅读安全须知,确保原子吸收光谱仪及其辅助仪器安装正确,周围无杂物;确保仪器所使用气体压力稳定,并将出口表压调至给出的推荐值;打开工作区排风系统。

> JBC007 原子吸收光谱仪的操作方法及要点

具体操作步骤为:开机开气点灯、新建方法并保存、标准曲线测定、样品测定、清洗进样系统、清洗原子化器、关机关气。

在仪器操作结束后,要注意及时关闭气体,关闭通风系统,及时处理废液等。

火焰原子化器的火焰主要有空气—乙炔火焰和氧化物—乙炔火焰。空气—乙炔火焰是原子吸收测定中最常用的火焰,温度约为 2300℃,该火焰燃烧稳定,使用安全,重现性好,噪声低,对大多数元素有足够高的灵敏度。氧化物—乙炔火焰所能提供的最高温度为 2900℃,这种火焰主要用来测定能形成难熔氧化物、难原子化的元素。氧化物对人体有一定的毒性,因此使用该火焰要注意操作安全。在操作火焰时要注意关闭观察窗,避免用眼睛直视火焰。

JBC008 原子吸收光谱仪的维护

(六)原子吸收光谱仪的维护

(1)当待测样品是污水或杂质含量较多时,若直接进样可能会导致原子吸收进样系统堵塞或污染,这时应对待测样品进行消解后再测定。

(2)火焰原子吸收光谱仪测定样品后,应先用2%的硝酸清洗管路和燃烧头3~5min,再用清水清洗3~5min,排空后关火。要定期清理燃烧头的燃缝,方法是将燃烧头拆下用1%的硝酸浸泡24h。

(3)在测定前元素灯应预热20~30min,确保灯的能量稳定,当元素灯累计使用时间过长时会出现灯能量降低的现象,此时可以通过提高灯电流得到改善,如果没有改善,可以换一个元素灯。

(4)由于石墨炉原子化器的电流磁场加热特点,在石墨炉光谱仪上应有强磁场辐射警示以及表面高温警示;原子化器工作时,带有心脏起搏器的人员不能靠近,实验人员应注意和石墨炉原子吸收光谱仪保持0.6m的距离。

(5)石墨管用到一定次数时就要进行更换,同时清理石墨锥。

三、原子荧光分光光度法

JBC009 原子荧光光谱法的概述

(一)原子荧光光谱法概述

原子荧光光谱法(AFS)是20世纪60年代中期提出并发展起来的新型光谱分析技术,它具有原子吸收和原子发射光谱两种技术的优点,同时又克服了两者的不足。原子荧光光谱仪是测试痕量或者超痕量汞(Hg)、砷(As)、锑(Sb)、铋(Bi)、硒(Se)、碲(Te)、镉(Cd)、锗(Ge)、铅(Pb)、锡(Sn)、锌(Zn)十一种元素的专用仪器。原子荧光光谱仪的应用领域非常广泛,涉及环境检测、卫生防疫、食品卫生检验、药品检验、城市给排水检验、化妆品检验、土壤饲料肥料检验、临床医学样品检验、农产品检验、地质普查、冶金样品检验、教学研究等。AFS技术具有分析灵敏度高、干扰少、线性范围宽、能进行多元素同时分析的特点,是一种优良的痕量分析技术。

在早期的AFS技术发展中,所使用的激发光源一般为蒸汽灯,氙弧灯或无极放电灯,原子化器一般为火焰(如乙炔焰、氩氢焰等)。由于当时仪器多采用直流检测系统,所以往往不得不对热辐射和光辐射等干扰精心补偿,限于激发光源的强度不足、原子化器的效率较低以及种种干扰,常常难以得到令人满意的检出水平,因此,未得到人们的广泛重视。

20世纪70年代末期,由于高强度空心阴极灯(HCl)、激光器及各种高效原子化器的使用,AFS技术又得到了较大发展,对于某些元素来讲,若以激光为激发光源,即使使用火焰为原子化器也能得到同电热原子化器相近的灵敏度,这使AFS成为可以在尖端技术中应用的先进分析技术。

如今,把氢化物发生(HG)与AFS结合是一种具有较大实用价值的分析技术,这是因为氢化物可以在氩氢焰中得到很好的原子化,而氩氢焰本身又具有很高的荧光效率以及较低的背景,这些因素的结合使得采用简单的仪器装置即可得到很好的检出限。

JBC010 原子荧光光谱法的原理

(二)原子荧光光谱法的原理

原子荧光是原子蒸气受到具有特征波长的光源照射后,其中一些自由原子被激发跃迁到较高能态,然后去活化回到某一较低能态(常常是基态)而发射出特征光谱的物理现象。

当激发辐射的波长与产生的荧光波长相同时,称为共振荧光,它是原子荧光分析中最主要的分析线,它的特点是激发线与荧光线的高低能级相同、强度最大,在分析中应用最广。另外还有直跃线荧光、阶跃线荧光、敏化荧光、阶跃激发荧光等。各种元素都有其特定的原子荧光光谱,根据原子荧光强度的高低可测得试样中待测元素含量。这就是原子荧光光谱分析。

(三)原子荧光光谱分析的定量关系

1. 荧光强度与被测物浓度之间的关系

原子荧光强度 I_f、试样浓度以及激发光源的辐射强度 I 等参数存在以下函数关系:

$$I_f = \Phi I \tag{2-2}$$

根据比尔—朗伯定律:

$$I = I_0(1 - e^{-KLN}) \tag{2-3}$$

$$I_f = \Phi I_0(1 - e^{-KLN}) \tag{2-4}$$

式中 I_f——原子荧光强度;
Φ——原子荧光量子效率;
I——被吸收的光强;
I_0——光源辐射强度;
K——峰值吸收系数;
L——吸收光程,cm;
N——单位长度内基态原子数,个;

> JBC011 荧光强度与被测物浓度之间的关系
>
> JBC013 原子荧光饱和的概念

这一基本方程式是在理想的情况下求得的,即假设激发光源是稳定的,照射到原子蒸气上的某频率的入射光强度可近似看作一常量 I_0;如果入射光是平行而均匀的光束,由原子化器所产生的原子蒸气可以近似地看成理想气体,若自吸忽略不计,激发光源强度 I_0 和发射的原子荧光强度 I_f 之间将存在如下简单关系,将式(2-4)按泰勒级数展开,并考虑当 N 很小时,忽略高次项,则原子荧光强度 I_f 表达式简化为:

$$I_f = \Phi I_0 KLN \tag{2-5}$$

在原子荧光分析中待测样品通常经化学处理制备成溶液进入雾化器,雾化后再进入火焰,在火焰中形成原子蒸汽。当实验条件固定时,原子荧光强度与能吸收辐射线的原子密度成正比。当原子化效率固定时,I_f 便与试样浓度 c 成正比,即

$$I_f = ac \tag{2-6}$$

式中 a 为常数。

式(2-6)的线性关系,仅仅适用于低浓度的原子荧光分析。随着原子浓度的增加,由于谱线展宽效应(主要是多普勒变宽和劳伦茨变宽)、自吸、散射等因素的影响变得不可忽略,使工作曲线出现弯曲。但是应该指出的是:无论是线性光源还是连续光源,光源强度越高,工作曲线的线性范围越宽,可使工作曲线向低浓度值方向延伸,所以在进行痕量分析时,不会出现因自吸产生工作曲线弯曲的情况。

因此,原子荧光光谱分析通过测量原子荧光的强度即可求得待测样品中该元素的含量。

2. 荧光猝灭与荧光量子效率

(1)荧光猝灭。

处于激发态的原子寿命十分短暂,当它从高能级跃迁到低能级时发射出原子荧光,但除了发光过程外,处于激发态的原子也有可能在原子化器中与其他原子、分子或

> JBC012 荧光猝灭与荧光量子之间的关系

电子发生非弹性碰撞而丧失能量,产生非辐射去激发过程,在这种情况下,荧光将减弱或完全不发生,这种现象称为荧光的猝灭。荧光淬灭的过程与被测元素和原子化器的气氛和温度有关,氩气气氛中荧光的猝灭最小。

荧光猝灭有下列几种类型:

①与自由原子碰撞后,形成不同激发态。

②与分子碰撞后,形成不同激发态,这是形成荧光淬灭的主要原因。

③与电子碰撞,此反应主要发生在离子焰中。

④化学猝灭反应。

(2)荧光量子效率。

为了衡量荧光猝灭程度,提出荧光量子效率 Φ 的概念。

荧光量子效率这一参量是发射荧光光子数与吸收激发光源光子数的比。在原子化器中,原子吸收了激发光源的光子后跃迁到高能级,然后它又可能回到原来的能级产生共振荧光,也可能跃迁到其他能级产生非共振荧光,或者无辐射跃迁到其他能级不产生荧光等。

原子荧光的发射强度 I_f 与原子化器中单位体积中该元素的基态原子数 N 成正比:

$$I_f = \Phi I_0 KLN \quad (2-7)$$

式中　　Φ——荧光量子效率;

　　　　I_0——激发光源强度;

　　　　K——荧光照射在检测器上的有效面积;

　　　　L——吸收光程长度。其中荧光量子效率 Φ 表示单位时间内发射荧光光子数与吸收激发光光子数的比值,通常小于1。

3. 原子荧光饱和

由方程式(2-5)可见,原子荧光强度 I_f 与激发光源强度 I_0 成正比。但实验发现式(2-5)只在一定的激发光源强度范围内适用。

例如,用脉冲染料激光器作光源时,可提供 $10^4 \sim 10^7 W \cdot cm^{-2} \cdot nm^{-1}$ 的辐照度,在这么强的光源辐照之下,有可能显著改变待测物原子的能态分布,基态原子数大大减少,多数基态或低能态原子被激发到高能态,此时,对光源的吸收达到饱和进而出现荧光饱和状态,称为饱和荧光。原子荧光的强度不再随光源辐射强度的增加而增加,方程式(2-5)不再成立。所以企图通过无限制增加光源辐射强度来改善检出限是不可能的。

(四)氢化物发生—原子荧光法基础

1. 氢化物发生法的原理及特点

从原理上说,原子荧光分析的分析对象与原子吸收光谱分析和原子发射光谱分析相同,应该可以进行数十种元素的定量分析。但迄今为止,原子荧光光谱分析最成功的应用还是分析易形成气态氢化物的 8 种元素 As、Sb、Bi、Se、Ge、Pb、Sn、Te 以及 Hg,20 世纪末,郭小伟等人又扩大了两种可形成气态组分的元素 Cd 和 Zn。

碳、氮、氧族元素的氢化物是共价化合物,其中 As、Sb、Bi、Ge、Sn、Pb、Se、Te 8 种元素的氢化物具有挥发性,通常为气态。借助载气流可以方便地将其导入原子光谱分析系统的原子化器或激光光源中,进行定量光谱测量。

用常规的原子光谱分析系统的引入方法测量这些元素有很大的困难。首先,这些元素的激发辐射大多落在紫外区,因此测量灵敏度较低。其次,常规火焰产生强烈的背景干扰,导致测量信噪比变差。所以,一般火焰原子吸收、石墨炉原子吸收和 ICP 对 As、Sb、Bi、Ge、Sn、Pb、Se 以及 Hg 的检测限都无法满足一般样品中这些元素测量的需要。

氢化物的发生进样方法,是利用某些能产生初生态的还原剂或者化学反应,将样品溶液中的分析元素还原为挥发性共价氢化物,然后借助载气流将其导入原子光谱分析系统进行测量的一种方法。

氢化物的发生进样方法的主要优点是:
(1)分析元素能够与可能引起干扰的样品基体分离,消除了干扰。
(2)与溶液直接喷雾进样相比,氢化物法能将待测元素充分预富集,进样效率近乎 100%。
(3)连续氢化物发生装置易于实现自动化。
(4)不同价态的元素氢化物发生实现的条件不同,可进行价态分析。

氢化物发生法还存在以下几个问题:
(1)氢化物形成过程中,易受共存元素干扰。
(2)有些分析元素在发生氢化物反应时,对反应条件要求比较苛刻,如 pH 值和试剂浓度等。必须加以仔细调节。
(3)分析元素的氧化状态对氢化物的生成有影响。

2. 氢化物发生法的分类

迄今为止,氢化物发生法可以归纳为金属—酸还原体系、硼氢化钠—酸还原体系、碱性模式还原以及电解还原四种。

(1)金属—酸还原体系。

其反应式如下:

$$Zn + 2HCl \longrightarrow ZnCl_2 + 2H \cdot$$

$$6H \cdot + AsO_3^{3-} \longrightarrow AsH_3 \uparrow + 3OH^-$$

这种反应只能发生砷化氢,而且反应速度慢,大约要 10min,必须借助捕集器收集才能用于分析测试。此后 Fernandez 和 Dalfon 曾经报道用盐酸—碘化钾—氯化亚锡—金属锌体系发生砷、锑、硒的氢化物,扩大了适用范围,并且缩短了反应时间至 4~5min。这其中碘化钾的作用是将 5 价 As、Sb、Se 还原为 3 价 As、Sb、Se。

但总的来说,金属—酸还原体系存在着一些难以克服的缺点:
①能发生氢化物的元素较少。
②包括预还原在内的时间过长,难以实现自动化。
③干扰较为严重。
因此,这一体系目前已很少使用。

(2)硼氢化钠—酸还原体系。

1972 年,Braman 等人首先采用硼氢化钠代替金属作为还原剂发生 AsH_3、SbH_3,进行直流辉光光谱测量。随后 Pollock、Thompson、Femandz 等人分别应用这种方法测量了 Ge、Sn、Pb 和 Te,并相继用于 AFS、ICP – AES 等分析技术,使硼氢化钠—酸体系适合于测量 As、Sb、Bi、Ge、Sn、Pb、Se、Te 8 种元素。随后的研究,扩大到了 Hg、Zn、Cd 等元素。

硼氢化物的形成取决于两个因素,一是被测元素和氢化合的速率,二是硼氢化钠在酸性溶液中分解的速率。

在 pH=0 时,硼氢化钠反应生成氢气只需 4.3μs。在进行氢化物反应时,必须保持一定的酸度,被测元素也必须以一定的价态存在。这些条件有可能随着氢化物发生方式的不同而有所不同。

一般手动进样的氢化物反应条件见表 2-1。

表 2-1 手动进样的氢化物的反应条件

元素	价态	反应介质	元素	价态	反应介质
As	+3	1~6mol/L HCl	Sb	+3	1~6mol/L HCl
Te	+4	4~6mol/L HCl	Bi	+3	1~6mol/L HCl
Ge	+4	20% 磷酸	Se	+2	1~6mol/L HCl
Sn	+4	酒石酸缓冲溶液 pH=1.3			

5 价状态的 As 和 Sb 也可以与硼氢化钠反应,但反应时间较长。6 价的 Se 和 Te 完全不与硼氢化钠反应。Pb 的氢化物为 PbH_4,但溶液中的 Pb 一般以 2 价元素存在,故一般需加入氧化剂,常用的氧化剂有铁氰化钾、重铬酸钾、高锰酸钾等,不同的氧化剂,酸度也不同,其酸度一般在 pH=1 左右。

硼氢化钠—酸体系克服或者大大减少了金属—酸体系的缺点,在还原能力、反应速度、自动化操作、抗干扰能力以及适用元素数目等诸多方面表现出极大的优越性,它是氢化物反应进样方式发展中的重要阶段。

(3)碱性模式。

在碱性样品底液中引入硼氢化钠和酸来进行氢化反应,称为"碱性模式"。各氢化元素都可通过碱性氢化反应产生氢化物,与酸性模式相比,Ge、Sn、As、Se、Te 产率相同,Pb 的产率相近,而 Sb、Bi 的产率较低。在 NaOH 强碱介质中,氢化元素形成可溶性含氧酸盐,铁、铂、铜族元素都不能以可溶性盐类存在于溶液中与氢化元素共存,因此,采用碱性模式能够排除这些元素的严重化学干扰。

(4)电解还原。

电解还原法是用电化学方法来发生氢化物的新方法。具体方法是在 5% KOH 碱性介质中,用电解法在铂电极上还原 Sn 和 As,然后将生成的 SnH_4 和 AsH_3 导入原子化器进行原子吸收测定。这种方法空白较低,选择性好。

3. 氢化物发生的实际操作方法

氢化物发生按其实际操作的方法可做如下分类,如图 2-4 所示。

在直接传输法中,溶液中所发生的氢化物直接传输到原子化器,这类方法应用得最为广泛。

在连续流动法中,酸化后的样品及硼氢化钠溶液均以不同的流速泵入混合器中反应,产生的气液混合物通过气液分离器分离,将氢化物送至原子化器中,这种方法提供的信号为连续信号,此法样品和试剂试液消耗量较大。

流动注射法与连续流动法类似,但样品室通过采样阀进行"采样""注射"切换,由于样品是间隔输送到反应器中,因而所得的信号为峰状信号,这与连续流动法不同,此法分析速

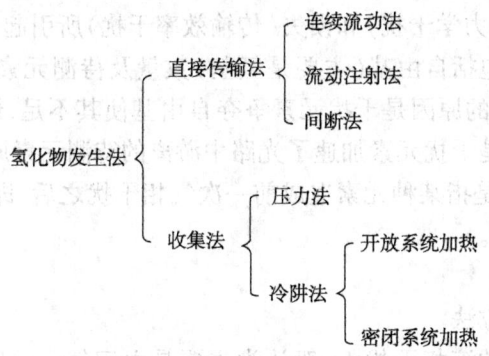

图 2-4 氢化物发生按其实际操作方法的分类

度较快。XDY 系列和早期 AFS 系列均采取间接法,这种方法是在发生器中先加入一定量的样品溶液,然后加入硼氢化钠溶液。这种方法的优点是装置简单,但较难自动化。

目前,原子荧光仪器采用的多是断续流动进样方式,它是介于连续流动和流动注射技术之间的一种新型进样模式,最早由郭小伟等人提出。此法工作分为两个步骤,首先由蠕动泵分别泵入样品和还原剂,稍经停顿将进样管放入载流中,再运行蠕动泵执行测量步骤,可以得到峰状信号。断续流动进样方式利用计算机控制蠕动泵转速和时间,定时定量采集样品进行测量,具有稳定性好、精密度高等特点,克服了连续进样浪费试液、流动注射装置复杂等缺点。

目前,AFS 系列仪器均配有断续流动(间歇泵)装置,有的还配有自动进样器,不仅实现了操作自动化,而且通过对仪器整体设计的改进,大大提高了仪器的灵敏度,提高了测量精度,降低了检测限。

4. 氢化物发生中的干扰

(1)干扰的分类。

Dedina 曾对氢化物发生—原子荧光法中的干扰做了系统的分类,如图 2-5 所示。

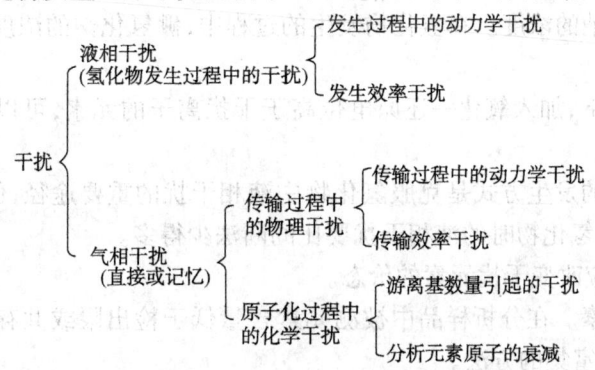

图 2-5 氢化物发生—原子荧光法中的干扰类型

液相干扰产生于氢化物形成或形成的氢化物从样品溶液中逸出的过程中,它是由于氢化物发生速度的改变(发生动力学干扰)或者是由于发生效率的改变,即转化为氢化物的百分比的改变而引起的。

气相干扰是在氢化物传输过程或在原子化器中产生,可分为传输过程干扰和原子化器中的干扰。传输过程的干扰发生在氢化物从样品溶液到原子化器的途中,包括待测元素氢化物的传输速度(传输动力学干扰)和损失(传输效率干扰)所引起的干扰。

原子化过程的干扰包括自由基(主要是氢基)数量及待测元素原子的衰减所引起的干扰,其中产生自由基干扰的原因是干扰元素争夺自由基使其不足,影响待测元素原子化,产生待测元素衰减的原因是干扰元素加速了光路中游离的待测元素原子的衰减。

所谓"记忆性"干扰是指某种元素造成前一次气相干扰之后,即使在以后的试液中不含该元素,干扰也继续存在。

(2)干扰的消除。

①液相干扰及消除方法。

对氢化物发生法中的液相干扰,一般认为主要是由于气—固反应所引起的,来自3个方面:

a. 溶液中干扰物优先还原至不同的价态而消耗硼氢化钠,减慢了被测元素的氢化物生成速率。

b. 干扰物优先还原生成非常细的、分散的金属沉淀,吸附氢化物或催化分解氢化物,因而强烈地抑制了被测元素的分析信号。

c. As、Sn等元素生成氢化物的电位相近,氢化物形成之间相互干扰,一方面是"竞争还原"多消耗了硼氢化钠,另一方面,也是更重要的一方面,是多种挥发性氢化物的形成使气相中的原子化变得复杂。

消除液相干扰的一般方法如下:

a. 对于某些干扰元素,加入络合剂是一种很好的消除干扰的办法。络合剂与干扰元素形成稳定的络合物,降低它的氧化—还原电位,使硼氢化钠能将其还原为元素态(或减少还原的程度),从而有效地消除干扰。

b. 由于溶液中细小的金属沉淀会产生较严重的干扰,适当地增加酸度可以加大溶液中细小金属沉淀的溶解度,克服某些金属的干扰。同时,硼氢化钠还原反应的电位强烈依赖于pH值,酸度低时,可以被还原的元素较多,引起的干扰也较严重。

c. 降低硼氢化钠的浓度。在氢化物发生的过程中,硼氢化钠的浓度愈大愈容易引起液相干扰。

d. 在某些情况下,加入氧化—还原电位高于干扰离子的元素,可以减慢干扰元素金属的生成速度。

e. 改变氢化物的发生方式是克服氢化物中液相干扰的重要途径,例如采用连续(或断续流动)方式来发生氢化物时的液相干扰要比间断法少得多。

f. 通过化学反应改变干扰元素的价态。

g. 分离干扰元素。在分析样品中被测元素含量低于检出限或共存元素较复杂的情况下,可以考虑分离与富集的方法。

②气相干扰及消除方法。

气相干扰是由于挥发的氢化物引起的,一般是指可形成氢化物元素之间在传输及原子化过程中的相互干扰。

克服气相干扰总的指导思想是:第一,尽量不让干扰元素产生氢化物;第二,在传输过程中应减少干扰元素氢化物的传输速率,使其与被测干扰元素分离;第三,进入原子化器时,应充分地供给初生态氢(或提高温度),以保证被测元素的原子化不受干扰元素的影响,同时应防止原子浓度的衰减。

5. 氢化物原子荧光法(以下简称 HG - AFS)与氢化物原子吸收光谱法(以下简称 HG - AAS)的比较

(1)光学系统。

HG - AFS 的光学系统无色散系统光路简单,光路短,因而光损失少。与此同时,无色散系统可以同时测量几条荧光谱线。这些荧光谱线的总强度与含量成正比,大大提高了方法的信噪比,从而降低了检出限。应当注意的是这些谱线均位于 200～290nm 之间,这正是日盲光电倍增管的灵敏度最好的波段。

HG - AAS 的光学系统光路比较复杂,光路较长,因而光的能量损失也比较大,特别是对砷、硒等元素,波长处于 200nm 以下,空心阴极灯发射较弱,光电倍增管在此波段的灵敏度也较低,因而信噪比比较低,检出限也就较差。

(2)原子化器及原子化机理。

对 HG - AFS 而言,氢化物进入氩氢焰进行原子化。氩氢焰中有足够的氢自由基来促进原子化过程,带来的好处是:

①石英炉表面性质对原子化过程影响较小,不需经常处理。

②原子化充分,即使是 Ge 这样的元素也可以做出非常满意的结果。

③较长的使用寿命。

对 HG - AAS 而言,不同元素其原子化机理不完全相同。在石英管中氢自由基的浓度又不够充分。存在的问题是:

①石英管表面性质对原子化过程影响极大,需要经常进行表面处理。

②对某些元素原子化不够充分。

③使用寿命较短。

(3)多元素同时测定能力。

对 HG - AFS 而言,最大优势就在于它可以进行多元素同时测定。国外某些仪器一次可以测定十二种元素。多元素同时测定可大大提高工作效率,节约成本。

对 HG - AAS 而言,大多数仪器不能进行多元素同时测定,一般一次仅能测定一种元素。

(4)干扰情况。

二者的液相干扰基本相同,但气相干扰有很大的差别。

气相干扰中原子荧光法的干扰要小很多,也就是说对于复杂的样品一般不经分离即可直接测定,而氢化物发生原子吸收法却不行。

(5)线性测量范围。

HG - AFS:一般可达到 3 个数量级左右。这样大多数样品可以无需稀释直接测定,从而减少了沾污的危险。

HG - AAS:有测量原理限值,一般仅一个量级,有些样品就要经过进一步的处理才能进行测定。

(6)检出限及测量精度。

二者的检出限及测量精度目前基本上相近。但对砷、硒、汞等元素,原子荧光法显然占有优势。

(7)使用方便程度。

HG-AFS:由于仪器结构简单,因而调整方便。

HG-AAS:一般可用于火焰法、石墨法。进行氢化物分析时需加专用附件或更换原子化器。

(8)测定成本及效率。

HG-AFS:与原子吸收法基本相当,但在进行多元素测定时占有很大优势。

HG-AAS:使用的氩气较少,降低了测定成本。

(9)对光源的要求。

HG-AFS:较高,特别是对灯的纯度要求较高。

HG-AAS:较低,但对砷、硒灯要求较高。

(五)氢化物发生—原子荧光仪器装置

氢化物发生—原子荧光仪由以下几部分组成:氢化物发生与反应系统、气体流量控制系统、光学系统、原子化系统、信号采集和仪器控制系统、计算机数据处理系统。其中光学系统由光源、检测器、光学暗室、摄像头、吸光棉等组成;信号采集和仪器控制系统包括信号放大与数据转换、负高压控制、光源驱动、点火控制等,如图2-6所示。

> JBC021 原子荧光分光光度计的进样系统的组成及原理

> JBC022 原子荧光分光光度计的气路系统的组成及原理

> JBC023 原子荧光分光光度计的光学系统的组成及使用方法

> JBC024 原子荧光分光光度计的原子化系统的组成及使用方法

> JBC025 原子荧光分光光度计的测光系统的组成及功能

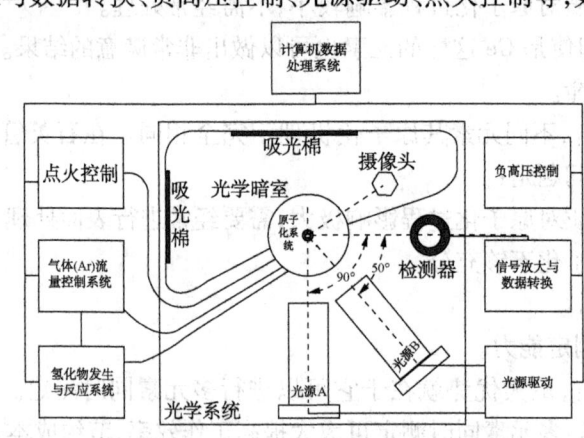

图2-6 氢化物发生—原子荧光仪器装置结构示意图

1. 氢化物发生与反应系统

氢化物发生与反应系统是原子荧光分光光度计的一个重要组成部分。氢化物的产生有两种方式:①采用两组蠕动泵、一个四通混合反应模块以及气液分离器实现;②采用一台注射泵和两组蠕动泵配合进样、一个四通混合反应模块以及气液分离器实现。

(1)双蠕动泵进样装置。

蠕动泵完成将待测元素的酸性溶液和还原剂导入到四通混合反应模块里以及将反应产生的废液从系统中导出的任务,其结构如图2-7所示。应注意,仪器运行之前请确保废液泵工作正常,排废流畅。测量开始的一段时间请密切关注一级气液分离器在每个测量流程结束后,废液是否完全排出,如果有积液现象,请停泵,调整好测量流程、泵卡及废液泵转速后,再重新开始测量。如若不及

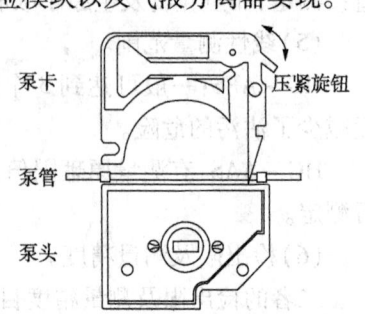

图2-7 蠕动泵结构示意图

时处理,可能会造成不可挽回的严重后果。

蠕动泵由泵头、泵管、泵卡组成。泵头中部装备十组滚轮,通过滚轮的转动使泵管内产生压差,从而吸取溶液;泵卡使用压紧旋钮调节泵管与泵头滚轮的接触紧密度,当压紧旋钮顺时针旋到底时,蠕动泵处于松弛状态,此时蠕动泵没有吸液作用,当压紧旋钮逆时针旋转时,泵管逐渐被压紧,蠕动泵开始吸液,具体位置用户可以根据需要自行调节。

当仪器使用结束后,请将泵卡的压紧旋钮旋至顺时针最低点,并将泵卡从泵头中取出,使泵管处于松弛状态,以延长泵管使用寿命。

泵管为进口部件,耐强酸强碱腐蚀、耐老化、弹性极佳。泵管的维护请注意以下几点:当使用泵管时要注意泵卡的卡紧程度,其松紧程度以液体流动顺畅,蠕动泵运行平稳,并且能使液体充满整个管路为适宜;避免泵管空载运行;应定期对泵管涂抹硅油,以保护泵管,硅油在附件箱里配备;泵管属于易耗品,应定期更换,维护正确可以延长其使用寿命。另外,泵管由两段使用管路组成,两段管交替使用可以增加泵管的使用寿命,交替使用周期一般为2~3天,本仪器共配备有两套完整泵管,可供交替使用。用过的泵管请清洗后放置于阴凉干燥处,一段时间后,大部分泵管形变可以自行恢复。

(2)注射泵和双蠕动泵配合进样装置。

注射泵由泵体、注射器、直通阀和通信接口构成,如图2-8所示。

注射泵使用的注意事项如下:

①测试前,请先用蒸馏水试用注射泵,确保注射器接头、直通阀与储液环接口部分密封不漏水。若有漏水现象,请尝试拧紧接口螺钉后再试。

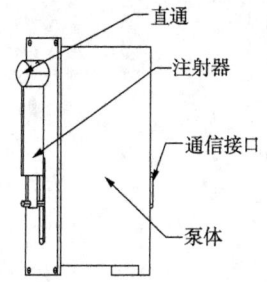

图2-8 注射泵的结构示意图

②测试完毕,请使用软件上的清洗功能进行注射泵和整体管路的清洗;关机前请确保注射器处于复位的状态(即注射器内不保留任何液体)。

(3)气液分离装置。

气液分离装置实现反应过程中生成的气态氢化物和废液的分离,分离的效果直接影响仪器的性能。图2-9为四通混合反应模块,其材料为有机玻璃,耐酸碱腐蚀,样品的酸性溶液、载液与还原剂在这里相遇并发生剧烈反应,生成被测元素的气态氢化物。

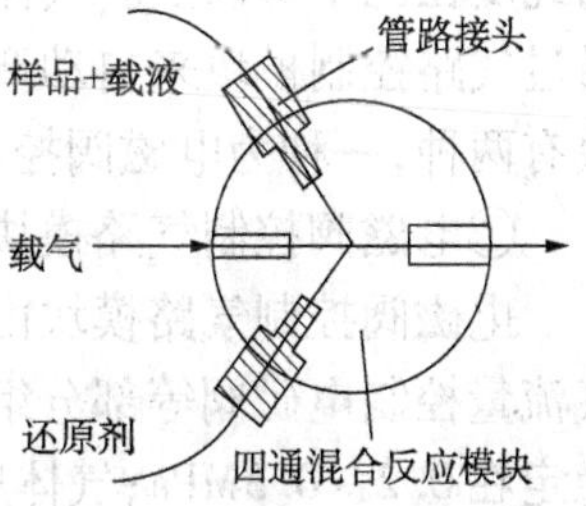

管路接头的安装要注意保证其密封性,在管路接头的接口处有耐腐蚀的密封圈,只要保证管路接头与四通混合反应模块紧密接触即可保证管路密封性,如图2-10所示。所以安装过程中一定要确保管路接头拧紧拧牢,但同时也要避免用力过猛损坏部件。

图2-9 四通混合反应模块

由于天气等环境原因的影响,在仪器运行过程中建议操作员不定期检查各管路接头处是否有漏液、渗液现象,一旦发现上述问题,请立即关闭仪器电源,对发生问题的位置进行相应的处理,确保管路密封性没有问题后,再继续测量。

气液分离系统采用两级气液分离装置,气液分离更加高效彻底。气液分离装置如图2-11所示。如果测量过程中发现气液分离器内壁积液太多,请及时清理,以免影响测量结果。

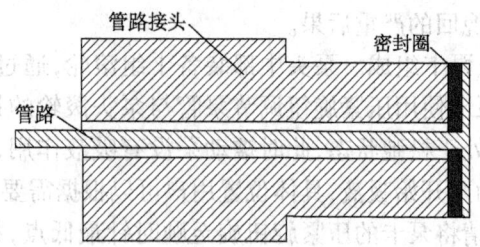

图 2-10 管路接头的安装示意图

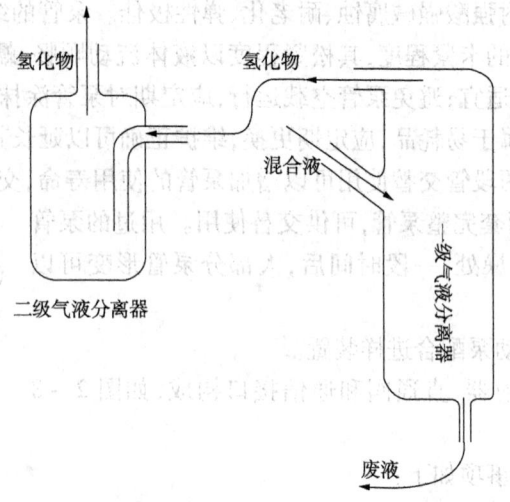

图 2-11 气液分离装置示意图

(4)气路系统。

氢化物发生-原子荧光光度计用外接气体将产生的氢化物带入原子化器中原子化。所使用的气体一般为氩气或氮气,其中用氩气时的相对荧光强度要比用氮气时高得多。氩气的纯度在三个9以上。气体从氩气钢瓶的次级稳压表中引出,进入仪器后再一次稳压,然后通过气路控制模块来自动调节所需气体流量。AFS 系列双道原子荧光仪器中的气路控制模块有两种,一种为电磁阀控制气路模块,另一种为质量流量计。

①电磁阀控制气路模块。

电磁阀控制气路模块由稳压阀、气体压力开关、载气和屏蔽气本底流量以及载气和屏蔽气流量控制电磁阀等部分组成。其中,稳压阀的作用是将从氩气钢瓶输出到仪器端的压力稳定在 0.2~0.3MPa;气体压力开关的作用是将从氩气钢瓶输出到仪器端的压力稳定开氩气,它实际上是一个触点开关,当有氩气时触点开关导通,无氩气时触点开关断开;载气和屏蔽气本底流量不受电磁阀的控制,即将所有电磁阀关断时气路上仍有一个基础流量通过,这样设计的目的是万一当所有电磁阀损坏或电磁阀控制电路出现故障时,氢化物反应系统中仍有一个基础气体流量通过,以防止在氢化反应过程中产生的大量氢气而出现回火现象。

电磁阀控制气路模块的特点是结构简单,成本低。缺点是流量控制误差大;气体流量不能连续调节;不能反馈控制,无法实时监控气体流量。

②质量流量计。

质量流量计用于对气体的质量流量进行精密测量和控制。其原理为:质量流量计由流量传感器、分流器通道、流量调节阀和放大控制电器等部件组成。流量传感器采用毛细管传热温差量热法原理测量气体的质量流量。将传感器加热电桥测得的流量信号送入放大器放大,将放大后的流量检测电压与设定电压进行比较,再将差值信号放大后去控制调节阀门,闭环控制流过通道的流量使之与设定的流量相等。分流器决定主通道的流量,通过控制接口,可直接对质量流量计进行流量设置、流量检测、阀门开关、阀门清洗等控制。

质量流量计的特点是气体流量控制精密、准确,流量可以连续调节;带反馈控制,可实时检测气体流量;一致性好,稳定可靠;流路可以自动清洗。缺点是价格较贵,成本较高。

2. 光学系统

原子荧光分光光度计的光学系统由光源、检测器、摄像头、吸光棉、光学暗室等组成。光路结构如图 2-12 所示。

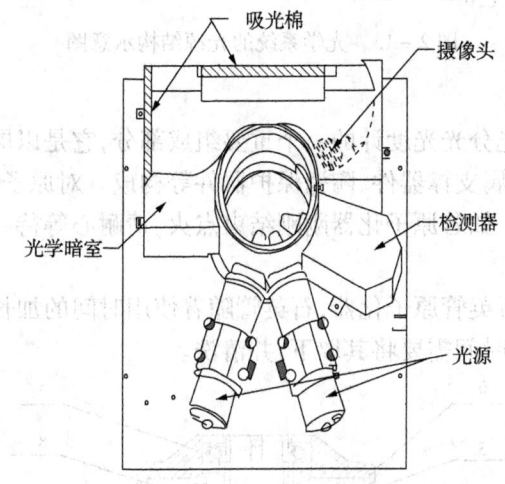

图 2-12 光学系统的光路结构示意图

光路调节过程中,请注意保护光学镜片,不要直接用手触摸透镜、光源石英窗等光学零件,以免玷污光学系统,影响光路透射率。光学器件万一被弄脏请使用擦镜纸或者专用工具擦拭干净,禁止使用纸巾、抹布等工具进行清理工作。

在仪器进行测量之前,另一个必须要做的工作是光源位置调节。其调节过程为:安装元素灯→调节炉高→仪器开机不点火。A 道灯电流为推荐值,B 道灯电流为 0mA,其他参数的设置使用默认值。首先进行 A 道光路的调节:先将对光器放置于石英管原子化器的管口处中心位置,调节灯架顶端的四个手动旋钮,观察对光器上的光斑位置,使其位于对光器十字光标的中心位置,此时 A 道光路调节完毕。同理可以进行 B 道光路的调节。其中,光斑调整过程中要保证元素灯位置不会出现倾斜、偏轴等现象。否则会严重影响仪器灵敏度。

光源结构如图 2-13 所示,光源在开机之后以 5mA 的灯电流立即点亮,在软件设置了灯电流之后,光源以设置的灯电流点亮。在仪器测量阶段,光源将以设置灯电流运行,其他状态如停止、排废液、进样品等,均为小电流运行。这样做的好处是增加光源的使用寿命。

信号接收传感器采用光电倍增管,光电倍增管的使用请注意:光电倍增管的负高压设置越大,仪器灵敏度将越高,但是噪声也将越大,仪器信噪比不一定提高,甚至会下降。所以负高压的设置应适当,避免设置过大或者过小;光电倍增管在工作状态下,应避免强紫外光长时间照射,否则会发生光电倍增管疲劳效应,影响其使用灵敏度和寿命。

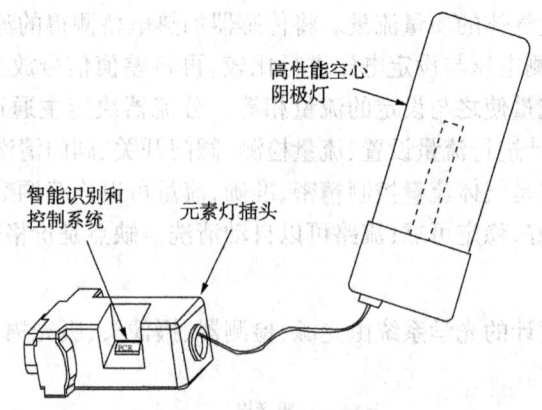

图2-13 光学系统的光源结构示意图

3. 原子化系统

原子化器是原子荧光分光光度计的一个重要组成部分,它是以屏蔽式石英管作为核心,配合以电热点火炉丝、金属支撑器件、陶瓷保护器件等构成。对原子化器的操作一定要在原子化器冷却状态下进行。如若原子化器刚刚结束点火,请耐心等待一段时间后再对其操作,以免烫伤操作者。

图2-14为屏蔽式石英管原子化器,石英管随着使用时间的加长,其内壁会附着一层白色沉淀物,所以每隔一段时间需要将其取下,并清洗。

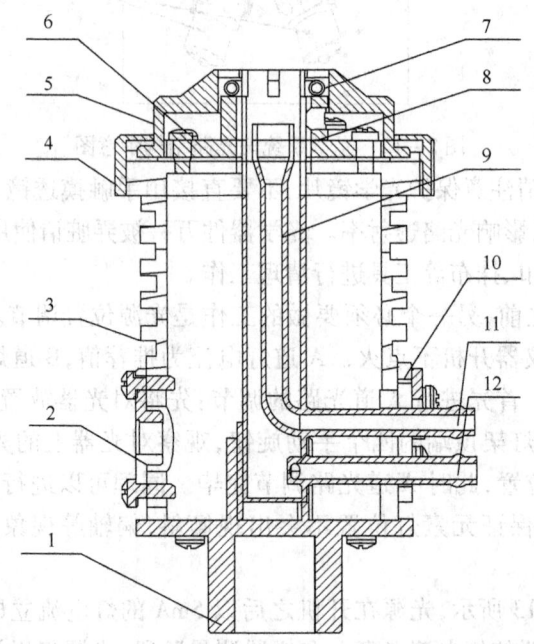

图2-14 屏蔽式石英原子化器的结构示意图
1—底座;2—电子线路孔;3—金属外罩;4—金属旋紧上盖;5—陶瓷上盖;
6—陶瓷绝缘片;7—点火炉丝;8—导电铜块;9—石英管;10—石英管固定块;
11—氢化物及载气入口;12—屏蔽气入口

石英管的卸载方法如下:第一步,将原子化器从仪器主机上取下;第二步,将底座从原子化器上取下;第三步,将石英管固定块卸下;最后,取下石英管。石英管的安装顺序正好与卸载顺序相反。

清洗方法：将石英管放入20%硝酸（HNO_3）溶液中浸泡24h以上，取出后用去离子水冲洗4~5次，然后用电吹风吹干，吹干后放置好备用。石英管属于易碎品，所以清洗和放置时需要小心轻放。

原子化器高度调节装置如图2-15所示。

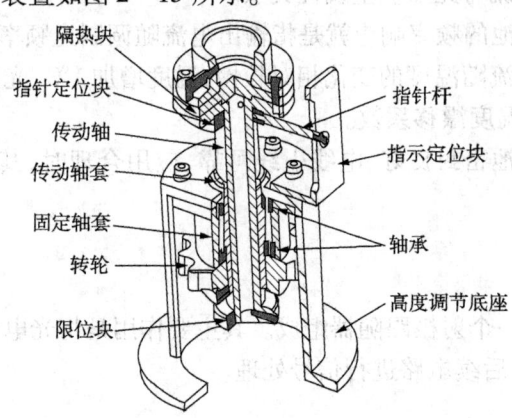

图2-15 原子化器高度调节装置结构示意图

点火炉丝是一段盘绕在石英管管口侧面的螺旋状细电阻丝，在点火状态下，电阻丝发红发热，并点燃氩氢火焰，在石英管管口上方产生炬状火焰。点火炉丝是易耗品，长时间使用后会老化烧断，此时需要更换新炉丝。

炉丝的具体更换过程如下：第一步，将原子化器从仪器主机上取下；第二步，从原子化器上把金属旋紧上盖旋下；第三步，取下陶瓷上盖，此时便可看到点火炉丝；最后，取下旧炉丝，换好新炉丝，新炉丝在附件箱中。最后将换好炉丝的原子化器装配完整，安装到仪器指定位置即可。

一个理想的用于原子荧光分光光度计的原子化器须具有下列特点：原子化效率高；没有物理或化学干扰；在测量波长处具有较低的背景辐射；稳定性好；为获得最大的荧光量子效率，不应含有高浓度的猝灭剂；在光路中原子有较长的寿命。

4. 测光系统

原子化器产生的原子受特征光源照射以后发出荧光，荧光通过光检测器将光信号转变成电信号，该电信号通过前置放大器、主放大器、积分器、模数转换器等系列数据处理电路，最后被单片机采集，并通过RS-232C标准串口实时将数据上传给系统机，由系统机对数据进行处理和计算。测光系统包含检测器和检测电路两个部分。

（1）检测器。

①光电倍增管。

氢化物发生—原子荧光仪器使用的检测器一般为日盲光电倍增管。日盲光电倍增管的光谱响应范围是180~320nm，在HG-AFS所测元素的光谱中，Bi的波长最长，最低的As波长是193.7nm。它由光电阴极、若干倍增极和阳极三部分组成。光电阴极是由半导体光电材料制造的，不同光谱范围的管子，阴极材料不同。入射光就在它上面打出光电子，倍增极数目在4~14个不等，在各位倍增电极上加上电压。阳极收集电子，外电路形成电流输出，其输出电流与入射光强成正比。

②紫外光电池。

用来检测光源漂移和波动的检测器是紫外光电池。该光电池具有稳定性好、噪声小、频率特性好、换能效率高、温度漂移系数小等一系列优点。

光电池是一种直接将光能转换为电能的光电器件。其主要特性有：

a. 光谱特性。对不同波长的光其响应灵敏度不同。

b. 光照特性。光电流与光照度呈线性关系。

c. 频率特性。光电池的频率响应就是指输出电流随调制光频率变化的关系。

d. 温度特性。光电流随温度的变化相对较慢，温度增加 1℃，光电流约增加 2×10^{-6} A。因此光电池具有较小的温度漂移系数。

e. 稳定性。当光电池密封良好、电线引线可靠、应用合理时，其性能是相当稳定的，使用寿命很长。

(2) 检测电路。

①前置放大器。

前置放大器电路由一个射极跟随器组成。其主要作用是将光电倍增管输出的电流信号转变成电压信号，以便于后续电路进行信号处理。

②主放大器。

主放大器的主要功能是将前置放大器输出的电压信号进一步放大，以提高仪器的信噪比。

③积分器和 A/D 转换电路。

积分器及 A/D 转换电路的主要功能是背景扣除、积分、峰值保持、A/D 转换等。

(六) 原子荧光分光光度计的操作方法

JBC026 原子荧光分光光度计的工作环境及实验条件

1. 仪器的工作环境及实验条件

在使用仪器之前，使用者要对氢化物发生—原子荧光仪器的工作环境条件及实验条件有所了解。

(1) 工作环境要求。

JBC027 原子荧光分光光度计的操作与维护

仪器的工作温度应为 15~30℃；湿度应 ≤75%；电源要求为 220V±10%，50Hz 或 110V±10%，60Hz。

电源要良好地接地，周围应无强磁场，无大功率用电设备，室内无腐蚀性气体，通风良好。

JBC028 原子荧光分析中注意事项

温度、湿度是影响氢化反应的重要因素。温度过低，氢化反应的速度、效率降低，测量稳定性变差；温度过高，则氢化反应加剧，样品不稳定，还原剂易分解，也同样导致测量稳定性变差。湿度过大，会引起散射干扰使测量稳定性变差，还会造成荧光猝灭导致荧光信号降低。

(2) 实验条件。

①氩气纯度应不小于 99.99%，带指针式 (氩) 氧气减压表。

②硼氢化钠，含量 95% 以上。

③盐酸、硝酸等 (优级纯以上)。

④纯净水。

⑤实验器皿需通过技术监督部门的校准鉴定。

2. 氢化物发生—原子荧光光度计的操作及维护

氢化物发生—原子荧光光度计目前主要有两大类：间歇式蠕动泵进样氢化物发生系统的原子荧光光度计和顺序注射泵进样氢化物发生系统的原子荧光光度计，同时两类仪器又分别有自动进样和半自动进样两种进样器。但这些仪器具有很多共性，如反应条件、激发光源、原子化器、检测系统、操作系统、操作软件等。操作人员在使用该仪器之前，必须仔细阅读仪器使用说明书、软件操作手册、分析方法手册以及相关的文献资料，同时还必须具备一定的分析化学及计算机知识。

（1）仪器的开关机顺序。

AFS 的开机顺序为：开启计算机的电源，待计算机进入系统后，再依次打开仪器的主机电源、断续流动（顺序注射）的电源。待仪器完全进入复位待机状态后，即可执行操作软件。

AFS 的关机顺序为：退出操作软件，关仪器的主机电源、断续流动（顺序注射）的电源、计算机电源，断电、关气。

（2）光路调节的方法。

打开仪器主机电源后，灯室内的空芯阴极灯应该自发点亮（注意 Hg 灯可能不亮，需用电子脉冲枪激发或用海绵轻擦灯壳），这时需要进行调节光路的工作。将调光器放置在原子化器上方，使灯发出的光斑落在原子化器石英炉芯的中心线与透镜的水平中心线的交汇点上。

（3）更换元素灯。

在关掉主机电源之后，先把元素灯放在灯架上，轻按下灯架上盖，旋转滑扣锁紧灯，再把元素灯插头的凸出之处与灯插座的凹处相对，轻轻插入，即装上元素灯。换下元素灯时，亦先要关掉主机电源，再拔出插头，然后用手按住灯架上盖，旋转滑扣，慢慢放开上盖，把灯取下。

（4）蠕动泵的调节。

①在使用泵管的时候，要注意泵管压力的松紧程度是否合适，这可用有色溶液进行实验，调节顶块螺丝可以调节压力大小。

②在使用泵管时，不要让泵管空载运行。

③在使用一段时间后，应随时向泵管与泵头间的空隙滴加随机提供的硅油，以保护泵管。

④泵管使用一段时间后，应更换新的泵管，但旧泵管不要扔掉，放置一段时间后有的可以再次使用。

（5）仪器的日常维护。

①每次测试结束后要用纯净水清洗进样系统及反应器，擦拭仪器表面。

②仪器周围不能放置酸碱等化学物品。

③仪器及元素灯均不宜长期放置不用，应每隔半个月开机预热 30min。

④氧化反应时应避免液体及气泡喷出一级气液分离器的上部出口。

⑤原子化器的石英炉芯如被污染，应及时正确清洗。

3. 原子荧光分析中的注意事项

（1）试剂的纯度要求。

原子荧光分析对于试剂的纯度有着严格的要求，实验所用的水、酸、还原剂以及整个实验过程中的其他试剂必须保证不含或少含被测元素及干扰元素。建议使用合格的优级纯以上纯度的试剂。

①水的纯度。

对于所用的水的纯度建议使用阻值 18MΩ 以上的纯净水。

②酸的纯度。

在盐酸、硝酸等酸中常含有杂质(砷、汞、铅等)，因此实验中必须采用较高纯度的酸。在实验之前必须认真挑选，可将待使用的酸按标准空白的酸度在仪器上进行测试，选用荧光强度值较低的酸。如果空白值过高，将影响工作曲线的线性、方法的检出限和测量的准确度。

③还原剂的纯度。

要求 KBH_4($NaBH_4$)含量≥95%。硼氢化钾(钠)溶液中要含有一定量的氢氧化钾(钠)，以保证该溶液的稳定性。建议氢氧化钾(钠)的浓度为 0.2%～0.5%，过低的浓度不能有效地防止硼氢化钾(钠)分解，过高的浓度则会影响氧化还原反应的总体酸度。配置好的硼氢化钾(钠)溶液应避免阳光照射，以免引起还原剂分解产生较多的气泡，影响测定精度。特别应该注意的是配制时，要先把氢氧化钾(钠)溶解于水中，然后再将硼氢化钾(钠)加入该碱性溶液中，硼氢化钾(钠)的浓度按具体实验要求确定。宜现用现配。

④其他试剂的纯度。

在氢化物发生—原子荧光分析实验中，注意所用试剂的纯度，不仅要考虑到试剂中被测元素的含量，还要考虑到试剂中干扰元素的含量对实验的影响。

(2)污染。

污染是影响氢化物发生—原子荧光分析测量准确性的重要因素，产生污染的原因、污染的种类很多，下面介绍几种主要的污染。

①容器污染。

实验室所用容器如容量瓶、烧杯、比色管、移液管等曾经盛装过某种物质未清洗干净而造成沾污，还有洗净的器皿由于长时间放置而吸附了空气中的污染物。容易造成污染的元素有汞、砷、铅、锌等。

解决办法：玻璃器皿要在 1:1 的硝酸溶液中浸泡 12h 以上，使用前用自来水冲洗干净后，再用纯净水冲洗 3～4 遍。沾污严重的器皿可考虑采用超声、氧化性强的洗液浸泡、加温等手段清洗。即使器皿已清洗干净，使用前最好也用纯净水重新冲洗，以避免放置过程中的污染。不能清洗干净的容器，最好是报废停用或做其他用途。

②试剂污染。

试剂由于使用、保存不当，造成外界的污染物进入试剂中。

解决办法：用移液管吸取试剂前要把移液管清洗干净并保持干燥，盛放试剂的器皿用完后要即刻密封好，或把要使用的试剂分取出一部分放在干净容器中供当次使用。盛放试剂的容器其本身材质应不含污染物或不易溶出污染物。

③环境污染。

室内空气、水源等被污染。由于样品、试剂存放不当或长期积累造成实验环境被污染。

解决办法：平时注意实验室的通风，实验室的清洁，不存放易污染、挥发性强的物质。已经造成污染的实验环境可以请有关专家进行处理。建议在污染物未清理干净的情况下更换实验室房间。

④仪器使用中产生的污染。

原子荧光光度计是用来进行痕量分析的仪器,如果进行了含量很高的样品测试,则势必会造成仪器的污染。例如测试化妆品、化工产品、中药等,因其大多含有大量的待测元素或干扰元素,极易造成仪器污染,故上机测试应注意取样量及参数选择。

解决办法:尽量事先排查样品,在未上机测试前将样品稀释。如已发生污染,应停止测试,立即清洗反应系统的管道、原子化器等。

四、光谱指标测定的应用

(一)原子吸收法测定水中锌

JBD001 原子吸收法测定锌

1. 测定范围

《生活饮用水标准检验方法金属指标》(GB/T 5750.6—2006)中规定生活饮用水及其水源水中的锌用火焰原子吸收光谱仪进行测定;火焰原子吸收光谱仪对锌元素适宜的测定范围为 0.05~1mg/L。

2. 测定原理

水样中锌离子被原子化后,吸收来自同种金属元素空心阴极灯发出的共振线,波长为 213.9nm,吸收共振线的量与样品中该元素的含量成正比,在其他条件不变的情况下,根据被吸收后的谱线强度,与标准系列比较定量。

3. 分析步骤

(1)所有玻璃器皿使用前均须先用硝酸溶液(1+9)浸泡,并直接用纯水清洗。测定锌所用的器皿,更应严格防止与含锌的水(自来水)接触。

(2)澄清水样可以直接进行测定,悬浮物较多的水样,分析前需酸化并消化有机物。若需测定溶解的金属,则应在采集时将水样通过 0.45μm 的滤膜过滤,然后按照每升水样加 1.5mL 硝酸酸化,使溶液 pH 小于 2。

(3)将锌的标准储备液用1%的硝酸稀释,并配置成 0.05~1.0mg/L 的标准系列溶液。将标准、空白溶液和样品溶液依次喷入火焰,测量吸光度。仪器的数据处理系统可以自动绘制标准曲线并给出待测样品的浓度。

(4)计算方法。

若样品经处理或稀释,知道样品浓度后,按下式计算:

$$C = \frac{C_{Zn} \cdot V_1}{V} \quad (2-8)$$

式中 C——水样中锌的质量浓度,mg/L;

C_{Zn}——仪器给出的样品中锌的质量浓度,mg/L;

V——原水样体积,mL;

V_1——测定样品的体积(即稀释后或处理后的体积),mL。

(二)原子吸收法测定银

JBD002 原子吸收法测定银

1. 测定范围

标准《生活饮用水标准检验方法金属指标》(GB/T 5750.6—2006)中规定生活饮用水及其水源水中的银用无火焰原子吸收光谱仪进行测定;最低检测质量为 0.05ng 银,若取 20μL

水样测定,则最低检测质量浓度为 2.5μg/L。水中的共存离子一般不产生干扰。

2. 测定原理

样品经过适当处理后,注入石墨炉原子化器,所含的金属离子在石墨管内经原子化高温蒸发解离为原子蒸汽,待测元素的基态原子吸收来自同种元素空心阴极灯发射的共振线,其吸收强度在一定范围内与金属浓度成正比。

3. 分析步骤

(1)所有玻璃器皿,使用前均须先用硝酸溶液(1+9)浸泡,并直接用纯水清洗。

(2)澄清水样可以直接进行测定,悬浮物较多的水样,分析前需酸化并消化有机物。若需测定溶解的金属,则应在采集时将水样通过 0.45μm 滤膜过滤,然后按照每升水样加 1.5mL 硝酸酸化,使溶液 pH 小于 2。

(3)将银的标准储备液用1%的硝酸稀释,并配置成 0~30.0μg/L 的标准系列。仪器参数设定后依次吸取 20μL 试剂空白、标准系列溶液和样品,注入石墨管,启动石墨炉控制程序,仪器的数据处理系统可以自动绘制标准曲线并给出待测样品的浓度。

(4)计算方法。

若样品经处理或稀释,知道样品浓度后,按下式计算:

$$C = \frac{C_{Ag} \cdot V_1}{V} \tag{2-9}$$

式中　C——水样中银的质量浓度,mg/L;

C_{Ag}——仪器给出的样品中银的质量浓度,mg/L;

V——原水样体积,mL;

V_1——测定样品的体积(即稀释后或处理后的体积),mL。

(三)原子荧光法测定砷

1. 测定范围

标准 GB/T 5750.6—2006 规定了用氢化物原子荧光法测定生活饮用水及其水源水中的砷。本方法适用于生活饮用水及其水源水中砷的测定。水样经适当预处理和稀释后亦可用于污水和废水中砷的测定。

2. 测定原理

在酸性条件下,三价砷与硼氢化钾反应生成砷化氢,由载气(氢气)带入石英原子化器,受热分解为原子态砷。在特制砷空心阴极灯的照射下,基态砷原子被激发至高能态,在去活化回到基态时,发射出特征波长的荧光,在一定的浓度范围内,其荧光强度与砷含量成正比,与标准系列比较定量。

3. 分析步骤

(1)开启原子荧光分光光度计。

选用合格的气瓶作为气源,打开气瓶及压力表,用试漏液排查气路。

启动仪器各模块,待自检通过后,进入工作站。检查间歇泵的毛细管连接管和泵管是否连接好,根据蠕动泵泵管实际情况压紧压力块,安装元素砷的元素灯,待砷灯亮起使用调光器调整光路,使元素灯发出的光斑落在原子化器的石英炉芯的中心线和透镜的水平中心线的交汇点。仪器将自动识别元素灯,若识别情况与实际不符,应重新检查元素灯位置及安装情况后重新识别。

按照表2-2设置仪器参数。

表2-2 测定砷时原子荧光分光光度计的参数设定

砷灯电流	45mA	波长	193.7nm
负高压	300V	原子化器高度	8mm
载气流量	600mL/min	屏蔽气流量	1000mL/min
进样体积	1.0mL	载流	盐酸溶液(5+95)

(2)校准曲线的绘制。

分别吸取砷标准使用液 0mL、0.50mL、1.00mL、2.00mL、3.00mL、4.00mL、5.00mL 于比色管中,用纯水定容至 100mL,使砷的浓度分别为 0μg/L、5.0μg/L、10.0μg/L、20.0μg/L、30.0μg/L、40.0μg/L、50.0μg/L。分别向水样和标准系列管中加入 0.5mL 盐酸,1.0mL 硫脲—抗坏血酸溶液,混匀,以硼氢化钾为还原剂,上机测定,记录荧光强度值,绘制标准曲线。

(3)测定结果。

根据所测样品的荧光强度,可直接从标准曲线或回归方程上查出砷的质量浓度(μg/L)。

(4)关机。

关闭主机及电脑电源,松开蠕动泵压力模块,最后关闭气瓶及分压表。

(四)原子荧光法测定硒

JBD004 原子荧光法测定硒

1. 测定范围

标准 GB/T 5750.6—2006 规定了用氢化物原子荧光法测定生活饮用水及其水源水中的硒。本方法适用于生活饮用水及其水源水中硒的测定。水样经适当预处理和稀释后亦可用于污水和废水中硒的测定。

2. 测定原理

在盐酸介质中以硼氢化钾(KBH_4)作还原剂,将硒还原成硒化氢(SeH_4),由载气(氩气)带入原子化器中进行原子化,在硒特制空心阴极灯照射下,基态硒原子被激发至高能态,在去活化回到基态时,发射出特征波长的荧光,在一定浓度范围内其荧光强度与硒含量成正比。与标准系列比较定量。

3. 分析步骤

(1)开启原子荧光分光光度计。

选用合格的气瓶作为气源,打开气瓶及压力表,用试漏液排查气路。

启动仪器各模块,待自检通过后,进入工作站。检查间歇泵的毛细管连接管和泵管是否连接好,根据蠕动泵泵管实际情况压紧压力块,安装元素硒的元素灯,待硒灯亮起使用调光器调整光路,使元素灯发出的光斑落在原子化器的石英炉芯的中心线和透镜的水平中心线的交汇点。仪器将自动识别元素灯,若识别情况与实际不符,应重新检查元素灯位置及安装情况后重新识别。

按照表2-3设置仪器参数。

表2-3 测定硒时原子荧光分光光度计的参数设定

硒灯电流	70mA	波长	196.0nm
负高压	300V	原子化器高度	8mm
载气流量	600mL/min	屏蔽气流量	1000mL/min
进样体积	1.0mL	载流	盐酸溶液(5+95)

(2)校准曲线的绘制。

分别吸取硒标准使用液 0mL、0.10mL、0.50mL、1.00mL、1.50mL、2.00mL、2.50 mL 于比色管中,用纯水定容至 100mL,使硒的浓度分别为 0.0μg/L、1.0μg/L、5.0μg/L、10.0μg/L、15.0μg/L、20.0μg/L、25.0μg/L。分别向水样和标准系列管中加入 0.5 mL 盐酸,混匀,以硼氢化钾为还原剂,上机测定,记录荧光强度值,绘制标准曲线。

(3)测定结果。

根据所测样品的荧光强度,可直接从标准曲线或回归方程上查出硒的质量浓度(μg/L)。

(4)关机。

关闭主机及电脑电源,松开蠕动泵压力模块,最后关闭气瓶及分压表。

(五)原子荧光法测定汞

[JBD005 原子荧光法测定汞]

1. 测定范围

标准 GB/T 5750.6—2006 规定了用氢化物原子荧光法测定生活饮用水及其水源水中的汞。本方法适用于生活饮用水及其水源水中汞的测定。水样经适当预处理和稀释后亦可用于污水和废水中汞的测定。

2. 测定原理

在一定酸度下,溴酸钾与溴化钾反应生成溴,可将试样消解使所含汞全部转化为二价无机汞,用盐酸羟胺还原过剩的氧化剂,用硼氢化钾将二价汞还原成原子态汞,由载气(氢气)将其带入原子化器,在特制汞空心阴极灯的照射下,基态汞原子被激发至高能态,在去活化回到基态时,发射出特征波长的荧光。在一定的浓度范围内,荧光强度与汞的含量成正比,与标准系列比较定量。

3. 分析步骤

(1)开启原子荧光分光光度计。

选用合格的气瓶作为气源,打开气瓶及压力表,用试漏液排查气路。

启动仪器各模块,待自检通过后,进入工作站。检查间歇泵的毛细管连接管和泵管是否连接好,根据蠕动泵泵管实际情况压紧压力块,安装元素汞的元素灯,待汞灯亮起使用调光器调整光路,使元素灯发出的光斑落在原子化器的石英炉芯的中心线和透镜的水平中心线的交汇点。仪器将自动识别元素灯,若识别情况与实际不符,应重新检查元素灯位置及安装情况后重新识别。

按照表 2-4 设置仪器参数。

表 2-4 测定汞时原子荧光分光光度计的参数设定

汞灯电流	80mA	波长	253.7nm
负高压	300V	原子化器高度	8mm
载气流量	600mL/min	屏蔽气流量	1000mL/min
进样体积	1.0mL	载流	盐酸溶液(5+95)

(2)校准曲线的绘制。

分别吸取汞标准使用液 0mL、0.50mL、1.00mL、2.00mL、3.00mL、4.00mL、5.00mL 于比色管中,用纯水定容至 100mL,使汞的浓度分别为 0.0μg/L、0.5μg/L、1.0μg/L、2.0μg/L、

3.0μg/L、4.0μg/L、5.0μg/L。分别向水样和标准系列管中加入 0.5 mL 盐酸,混匀,以硼氢化钾为还原剂,上机测定,记录荧光强度值,绘制标准曲线。

(3)测定结果。

根据所测样品的荧光强度,可直接从标准曲线或回归方程上查出汞的质量浓度(μg/L)。

(4)关机。

关闭主机及电脑电源,松开蠕动泵压力模块,最后关闭气瓶及分压表。

(六)原子荧光法测定锑

JBD006 原子荧光法测定锑

1. 测定范围

标准 GB/T 5750.6—2006 规定了用氢化物原子荧光法测定生活饮用水及其水源水中的锑。本方法适用于生活饮用水及其水源水中锑的测定。水样经适当预处理和稀释后亦可用于污水和废水中锑的测定。

2. 测定原理

在酸性条件下,以硼氢化钠为还原剂使锑生成锑化氢,由载气带入原子化器原子化,受热分解为原子态锑,基态锑原子在特制锑空心阴极灯的激发下产生原子荧光,其荧光强度与锑含量成正比。

3. 分析步骤

(1)开启原子荧光分光光度计。

选用合格的气瓶作为气源,打开气瓶及压力表,用试漏液排查气路。

启动仪器各模块,待自检通过后,进入工作站。检查间歇泵的毛细管连接管和泵管是否连接好,根据蠕动泵泵管实际情况压紧压力块,安装元素锑的元素灯,待锑灯亮起使用调光器调整光路,使元素灯发出的光斑落在原子化器的石英炉芯的中心线和透镜的水平中心线的交汇点。仪器将自动识别元素灯,若识别情况与实际不符,应重新检查元素灯位置及安装情况后重新识别。

按照表 2-5 设置仪器参数。

表 2-5 测定锑时原子荧光分光光度计的参数设定

锑灯电流	75mA	波长	217.6nm
负高压	300V	原子化器高度	8mm
载气流量	600mL/min	屏蔽气流量	1000mL/min
进样体积	1.0mL	载流	盐酸溶液(5+95)

(2)校准曲线的绘制。

分别吸取锑标准使用液 0mL、0.10mL、0.50mL、1.00mL、1.50mL、2.00mL、2.50mL 于比色管中,用纯水定容至 10mL,使锑的浓度分别为 0.0μg/L、1.0μg/L、5.0μg/L、10.0μg/L、15.0μg/L、20.0μg/L。分别向水样和标准系列管中加入 0.5 mL 盐酸,1.0mL 硫脲—抗坏血酸溶液,混匀,以硼氢化钾为还原剂,上机测定,记录荧光强度值,绘制标准曲线。

(3)测定结果。

根据所测样品的荧光强度,可直接从标准曲线或回归方程上查出锑的质量浓度(μg/L)。

(4)关机。

关闭主机及电脑电源,松开蠕动泵压力模块,最后关闭气瓶及分压表。

项目二　运行维护火焰原子吸收分光光度计

一、准备工作

(一)仪器设备

火焰原子吸收分光光度计 1 台(PinAAcle 900F 型),打印机、计算机各 1 台。

(二)材料、工具

乙炔 1 瓶(高纯气体),纯水 1L(一级),硝酸 1 瓶(50mL)。

(三)人员

1 人操作,持证上岗,劳动保护用品穿戴齐全。

二、操作规程

(一)开气

选用合格的气瓶作为气源,打开气瓶及压力表,用试漏液排查气路。

(二)开机

(1)开启计算机、仪器各组成模块,待仪器自检通过后,进入工作站。

(2)根据检测项目,安装相应的空心阴极灯。

(3)检查燃烧器,如发现火焰呈锯齿状,表明狭缝处有盐类沉积,需用滤纸插入缝中擦净或用刀片轻轻刮去沉积物,也可用稀酸进行清洗。

(4)检查雾化器,如发现毛细管被堵,将提供的清洗线插到毛细管里清理堵塞物。

(三)样品分析

(1)编辑数据采集方法:设置数据存储目录、设置数据文件存储名称。

(2)编辑序列表:设置样品名称、进样编号、方法名称、进样次数、进样量。

(3)根据检测项目建立方法,设置空白、校准浓度、试剂空白,选择相应元素灯能量范围。

(4)平衡系统后,运行序列,对样品进行分析。

(5)处理检测数据:打印谱图、填写检测原始记录单。

(四)关机

(1)熄灭火焰,关闭空气压缩机,关闭主机电源,关闭计算机。

(2)检查废液桶的液位,避免管路积水或水位太高。

(3)清理自动进样喷嘴和注射器,将其放入硝酸(1+1)中浸泡,然后用蒸馏水洗涤干净。

(五)关气

关闭气瓶及压力表。

三、注意事项

安装相应的空心阴极灯时,不可用手触摸灯顶部的石英窗。

项目三　运行维护无火焰原子吸收分光光度计

一、准备工作

(一) 仪器设备

原子吸收分光光度计 1 台(PinAAcle 900Z 型),打印机、计算机各 1 台。

(二) 材料、工具

氩气 1 瓶(高纯气体),纯水 1L(一级)。

(三) 人员

1 人操作,持证上岗,劳动保护用品穿戴齐全。

二、操作规程

(一) 开气

选用合格的气瓶作为气源,打开气瓶及压力表,用试漏液排查气路。

(二) 开机

(1) 开启计算机、仪器各组成模块,待仪器自检通过后,进入工作站。

(2) 根据检测项目,安装相应的空心阴极灯。

(3) 安装石墨管,之后调节自动进样针,确保样品可以准确进入石墨管。

(三) 样品分析

(1) 编辑数据采集方法:设置数据存储目录、设置数据文件存储名称。

(2) 编辑序列表:设置样品名称、进样编号、方法名称、进样次数、进样量。

(3) 根据检测项目建立方法,设置空白、校准浓度、试剂空白,选择相应元素灯能量范围。

(4) 平衡系统后,运行序列,对样品进行分析。

(5) 处理检测数据:打印谱图、填写检测原始记录单。

(四) 关机

进行空烧清洗,清洗自动进样器,检查石墨管是否需要更换。检查废液桶的液位,避免管路积水或水位太高。

(五) 关气

关闭气瓶及压力表。

三、注意事项

安装相应的空心阴极灯时,不可用手触摸灯顶部的石英窗。

项目四　运行维护原子荧光分光光度计

一、准备工作

(一)仪器设备

原子荧光分光光度计 1 台(AFS-9300 型),打印机、计算机各 1 台。

(二)材料、工具

氩气 1 瓶(高纯气体),纯水 1L(一级),硼氰化钾 1 瓶,盐酸 1 瓶。

(三)人员

1 人操作,持证上岗,劳动保护用品穿戴齐全。

二、操作规程

(一)开气

选用合格的气瓶作为气源,打开气瓶及压力表,用试漏液排查气路。

(二)开机

(1)开启计算机、仪器各组成模块,待仪器自检通过后,进入工作站。

(2)检查间歇泵的毛细管连接管和泵管是否连接好。根据蠕动泵泵管实际情况压紧压力块。

(三)样品分析

(1)待元素灯亮起,使用调光器调整光路,使元素灯发出的光斑落在原子化器的石英炉芯的中心线和透镜的水平中心线的交汇点。

(2)仪器将自动识别元素灯,若识别情况与实际不符,应重新检查元素灯位置及安装情况后,重新识别。

(3)编辑数据采集方法:设置数据存储目录、设置数据文件存储名称。

(4)编辑序列表:设置样品名称、进样编号、方法名称、进样次数、进样量。

(5)根据检测项目建立方法,设置空白、校准浓度、试剂空白,选择相应元素灯能量范围。预热系统超过 30min 后,运行序列,对样品进行分析。

(6)处理检测数据:打印谱图、填写检测原始记录单。

(四)关机

关闭主机及计算机电源。松开蠕动泵压力模块。

(五)关气

关闭气瓶及压力表。

三、注意事项

安装相应的空心阴极灯时,不可用手触摸灯顶部的石英窗。

项目五　测定银含量

一、准备工作

(一)仪器设备

石墨炉原子吸收分光光度计 1 台(PinAAcle 900Z 型),银元素空心阴极灯,电子天平 1 台(万分之一级),打印机、计算机各 1 台。

(二)材料、工具

氩气 1 瓶(高纯气体),纯水 1L(一级),硝酸 1 瓶(优级纯),磷酸二氢胺 50g(优级纯),硝酸银 1 瓶(优级纯),元素银标准样品 1 支。

容量瓶 10 支(100mL),容量瓶 2 支(500mL),不同容量大肚移液管各 1 个(1mL、2mL、5mL、10mL、15mL)。

(三)人员

1 人操作,持证上岗,劳动保护用品穿戴齐全。

二、操作规程

(一)准备工作

将玻璃器皿洗涤干净。

(二)配置标准曲线系列

(1)配置磷酸二氢铵溶液(120g/L):称取 12g 磷酸二氢铵,用纯水溶解,用纯水定容至 100mL。

(2)配置银标准储备溶液(1mg/mL):称取 0.7875g 硝酸银,用硝酸溶液(1+99)溶解,并用硝酸溶液(1+99)定容至 500mL,储存于棕色玻璃瓶中。

(3)配置银标准中间溶液(50μg/mL):取标准储备溶液 5mL,用硝酸溶液(1+99)定容至 100mL。

(4)配置银标准使用溶液(1μg/mL):取银标准中间溶液 2mL 于 100mL 容量瓶中,用硝酸溶液(1+99)定容至 100mL。

(5)配置标准曲线系列:分别向 5 支 100 mL 容量瓶中移取 1mL、2mL、5mL、10mL、15mL 标准使用溶液,各加入 10mL 磷酸二氢胺溶液,用硝酸溶液(1+99)定容至刻度,混匀。

(6)配置标准样品:使用具备证书的标准溶液,根据证书要求稀释定容标准溶液,作为银标准样品。

(7)配置空白样品:取 10mL(1+99)硝酸溶液,加入 1mL 磷酸二氢胺溶液。

(三)开气

选用合格的气瓶作为气源,打开气瓶及压力表,用试漏液排查气路。

(四)开机

(1)开启计算机、仪器各组成模块,待仪器自检通过后,进入工作站。

(2)安装银元素空心阴极灯。安装石墨管,之后调节自动进样针,确保样品可以准确进入石墨管。

(五) 样品分析及质量控制措施

(1) 编辑数据采集方法:设置数据存储目录、设置数据文件存储名称。

(2) 编辑序列表:设置样品名称、进样编号、方法名称、进样次数、进样量。

(3) 根据序列表将空白样品、标准序列样品、标准样品、平行样品置于自动进样器指定位置。

(4) 设置检测参数:波长为 328.1nm、干燥温度为 120℃、干燥时间为 30s、灰化温度 600℃、灰化时间为 30s、原子化温度为 1700℃、原子化时间为 5s。

(5) 平衡系统后,运行序列,对样品进行分析。

(六) 关机

进行空烧清洗,清洗自动进样器、检查石墨管是否需要更换。

(七) 关气

关闭气瓶及压力表。

三、注意事项

安装相应的空心阴极灯时,不可用手触摸灯顶部的石英窗。

项目六　测定锌含量

一、准备工作

(一) 仪器设备

火焰原子吸收分光光度计 1 台(PinAAcle 900Z 型),银元素空心阴极灯,电子天平 1 台(万分之一级),打印机、计算机各 1 台。

(二) 材料、工具

乙炔 1 瓶(高纯气体),纯水 5L(一级),硝酸 1 瓶(优级纯),硝酸 1 瓶,纯银 5g(≥99.9%),银标准样品 1 支。

容量瓶 8 支(100mL),容量瓶 8 支(1000mL),不同容量大肚移液管各 2 个(1mL、2mL、5mL、10mL、15mL),20mL 大肚移液管 1 个。

(三) 人员

1 人操作,持证上岗,劳动保护用品穿戴齐全。

二、操作规程

(一) 准备工作

所有玻璃器皿在使用前须先用硝酸溶液(1+9)浸泡,再用纯水洗涤干净。

(二) 配置标准曲线系列

(1) 配置锌标准储备溶液(1.0mg/mL):称取 1.000g 纯锌,用 20mL(1+1)的硝酸溶液溶解,纯水定容至 1000mL。

(2)配置锌标准中间溶液(50mg/L):取锌离子标准储备溶液 5mL,用 0.15% 的硝酸溶液定容至 100mL。

(3)配置锌标准使用溶液(10mg/L):取锌离子标准中间溶液 20mL,用 0.15% 的硝酸溶液定容至 100mL。

(4)配置标准曲线系列:分别向 5 支 100 mL 容量瓶中移取 1mL、2mL、5mL、10mL、15mL 锌标准储备溶液,用硝酸溶液(0.15%)定容至刻度,混匀。

(5)配置标准样品:使用具备证书的标准溶液,根据证书要求稀释定容标准溶液,作为锌标准样品。

(6)配置空白样品:取硝酸溶液(0.15%)作为空白样品。

(三)开气

选用合格的气瓶作为气源,打开气瓶及压力表,用试漏液排查气路。

(四)开机

(1)开启计算机、仪器各组成模块,待仪器自检通过后,进入工作站。安装锌元素空心阴极灯。

(2)检查燃烧器,如发现火焰呈锯齿状,表明狭缝处有盐类沉积,需用滤纸插入缝中擦净或用刀片轻轻刮去沉积物,也可用稀酸进行清洗。

(3)检查雾化器,如发现毛细管被堵,将提供的清洗线插到毛细管里清理堵塞物。

(五)样品分析及质量控制措施

(1)编辑数据采集方法:设置数据存储目录、设置数据文件存储名称。

(2)编辑序列表:设置样品名称、进样编号、方法名称、进样次数、进样量。

(3)根据序列表将空白样品、标准序列样品、标准样品、平行样品置于自动进样器指定位置。

(4)设置检测波长为 213.9nm。平衡系统后,运行序列,对样品进行分析。分析完成后,根据标准系列检测结果建立锌离子标准曲线信息。根据标准曲线信息,计算标准样品浓度,分析方法准确度;根据平行样检测结果,分析方法精密度。

(六)关机

(1)熄灭火焰,关闭好空气压缩机,关闭主机电源,关闭计算机。

(2)清理自动进样喷嘴和注射器,将其放入硝酸(1+1)中浸泡,然后用蒸馏水洗涤干净。

(七)关气

关闭气瓶及压力表。

三、注意事项

安装相应的空心阴极灯时,不可用手触摸灯顶部的石英窗。

项目七 测定硒含量

一、准备工作

(一)仪器设备

原子荧光光度计 1 台(AFS-9300 型),硒空心阴极灯,电子天平 1 台(万分之一级),打印机、计算机各 1 台。

(二)材料、工具

氩气 1 瓶(高纯气体),纯水 5L(一级),盐酸 1 瓶(优级纯),硝酸 1 瓶,氢氧化钠 1 瓶(优级纯),硼氢化钾 1 瓶,铁氰化钠 1 瓶(优级纯),高氯酸 1 瓶(优级纯),元素硒标准物质 1 瓶(光谱纯),元素硒标准样品 1 支。

容量瓶 10 支(100mL),容量瓶 5 支(500mL),不同容量大肚移液管各 2 支(1mL、2mL、5mL、10mL、15mL、25mL)。

(三)人员

1 人操作,持证上岗,劳动保护用品穿戴齐全。

二、操作规程

(一)准备工作

所有玻璃器皿洗涤干净。

(二)配置标准曲线系列

(1)硝酸 + 高氯酸混合溶液(1 + 1):将硝酸与高氯酸等体积混合。

(2)盐酸溶液(5 + 95):取 25mL 盐酸,用纯水稀释至 500mL。

(3)盐酸溶液(1 + 1):取 25mL 盐酸,与 25mL 纯水等体积混合。

(4)氢氧化钠溶液(2g/L):称取 1.0g 氢氧化钠,用纯水溶解,稀释至 500mL。

(5)硼氢化钠溶液(20g/L):称取 10.1g 硼氢化钠,用 2g/L 的氢氧化钠溶液溶解,并稀释至 500mL。

(6)铁氰化钾溶液(100g/L):称取 10.0g 铁氰化钾,用纯水溶解,稀释至 100mL。

(7)硒标准储备溶液(0.1mg/mL):称取 0.1g 硒,用少量硝酸溶解,再加 2mL 高氯酸,至沸水浴中加热 3~4h,冷却后加入少量盐酸,再在沸水浴中加热 2min,用纯水定容至 1000mL。

(8)硒标准中间溶液(1.0μg/mL):取硒标准储备溶液 5mL,用纯水定容至 500mL。

(9)硒标准使用溶液(0.1μg/mL):取硒标准中间溶液 10mL,用纯水定容至 100mL。

(10)硒标准系列:分别吸取硒标准使用溶液 0mL、0.10mL、0.50mL、1.00mL、3.00mL、5.00mL 于比色管,用纯水定容至 10mL,使硒的浓度分别为 0μg/L、1.00μg/L、5.00μg/L、10.00μg/L、30.0μg/L、50.0μg/mL。

(11)硒标准样品:使用具备证书的标准溶液,根据证书要求稀释定容标准溶液,作为硒标准样品。

(12)准确移取空白样品、标准系列样品、标准样品、平行样品各 10mL,分别加入 1mL 盐酸、1mL 铁氰化钾溶液混匀,待测。

(三)开气

选用合格的气瓶作为气源,打开气瓶及压力表,用试漏液排查气路。

(四)开机

开启计算机、仪器各组成模块,待仪器自检通过后,进入工作站。检查间歇泵的毛细管连接管和泵管是否连接好。根据蠕动泵泵管实际情况压紧压力块。安装硒元素灯,待硒灯亮起,使用调光器调整光路,使元素灯发出的光斑落在原子化器的石英炉芯的中心线和透镜的水平中心线的交汇点。仪器将自动识别元素灯,若识别情况与实际不符,应重新检查元素灯位置及安装情况后,重新识别。

(五)样品分析及质量控制措施

(1)编辑数据采集方法:设置数据存储目录、设置数据文件存储名称。

(2)编辑序列表:设置样品名称、进样编号、方法名称、进样次数、进样量。

(3)根据序列表将空白样品、标准序列样品、标准样品、平行样品置于自动进样器指定位置。

(4)设置检测参数:灯电流 70mA、负高压 340V、炉高 8mm、载气流量 500mL/min、屏蔽气流量 1000 mL/min。

(5)测量方式:标准曲线法,读数方式为峰面积,延迟时间 1s,读数时间 12s,进样体积 0.5mL,载流为盐酸溶液(5+9)。

(6)点燃原子化炉丝,平衡系统约 30min 后,运行序列,对样品进行分析。分析完成后,根据标准系列检测结果建立元素硒的标准曲线信息。根据标准曲线信息,计算标准样品浓度、分析方法准确度;根据平行样检测结果,分析方法精密度。

(六)关机

关闭主机及计算机电源。松开蠕动泵压力模块。

(七)关气

关闭气瓶及压力表。

三、注意事项

安装相应的空心阴极灯时,不可用手触摸灯顶部的石英窗。

项目八 测定锑含量

一、准备工作

(一)仪器设备

原子荧光光度计 1 台(AFS-9300 型),锑空心阴极灯,电子天平 1 台(万分之一级),打印机、计算机各 1 台。

(二)材料、工具

氩气 1 瓶(高纯气体),纯水 5L(一级),盐酸 1 瓶(优级纯),硫脲 1 瓶(分析纯),抗坏血酸 1 瓶(分析纯),酒石酸 1 瓶(分析纯),氢氧化钠 1 瓶(分析纯),硼氢化钠 1 瓶(分析纯),铁氰化钠 1 瓶(优级纯),高氯酸 1 瓶(优级纯),锑标准物质 10g(光谱纯),锑标准样品 1 支。

容量瓶 10 支(100mL),容量瓶 5 支(500mL),不同容量大肚移液管各 2 支(1mL、2mL、5mL、10mL、15mL、25mL)。

(三)人员

1人操作,持证上岗,劳动保护用品穿戴齐全。

二、操作规程

(一)准备工作

所有玻璃器皿洗涤干净。

(二)配置标准曲线系列

(1)氢氧化钠溶液(2g/L):称取1g氢氧化钠,用纯水溶解,稀释至500mL。

(2)硼氢化钠溶液(20g/L):称取10g硼氢化钠,用2g/L的氢氧化钠溶液溶解,并稀释至500mL。

(3)硫脲—抗坏血酸溶液:称取10g硫脲,用约80mL纯水加热溶解,冷却后加入10g抗坏血酸,溶解后,稀释至100mL。

(4)锑标准储备溶液(1.0mg/mL):称取0.5g锑,加入10mL盐酸和5g酒石酸,在水浴中温热溶解,冷却后,用纯水稀释至500mL。

(5)锑标准中间溶液(10.0μg/mL):取元素硒标准储备溶液10mL,加入3mL盐酸,用纯水定容至1000mL。

(6)锑标准使用溶液(0.1μg/mL):取元素硒标准中间溶液5mL,用纯水定容至500mL。

(7)锑标准系列:分别吸取锑标准使用溶液0mL、0.05mL、0.10mL、0.30mL、0.50mL、0.70mL、1.00mL于比色管,用纯水定容至10mL,使锑的浓度分别为0ng/mL、0.50ng/mL、1.00ng/mL、3.00ng/mL、5.00ng/mL、7.00ng/mL、10.00ng/mL。

(8)标准样品:使用具备证书的标准溶液,根据证书要求稀释定容标准溶液,作为元素锑的标准样品。

(9)准确移取空白样品、标准系列样品、标准样品、平行样品各10mL,分别加入1mL硫脲—抗坏血酸溶液、1mL盐酸溶液,混匀,以硼氢化钠溶液为还原剂,上机测定,记录荧光强度值,绘制标准曲线。

(三)开气

选用合格的气瓶作为气源,打开气瓶及压力表,用试漏液排查气路。

(四)开机

(1)开启计算机、仪器各组成模块,待仪器自检通过后,进入工作站。

(2)检查间歇泵的毛细管连接管和泵管是否连接好。

(3)根据蠕动泵泵管实际情况压紧压力块。

(4)安装元素锑的元素灯时,不可用手触摸灯顶部的石英窗。

(5)待锑灯亮起,使用调光器调整光路,使元素灯发出的光斑落在原子化器的石英炉芯的中心线和透镜的水平中心线的交汇点。

(6)仪器将自动识别元素灯,若识别情况与实际不符,应重新检查元素灯位置及安装情况后,重新识别。

(五)样品分析及质量控制措施

(1)编辑数据采集方法:设置数据存储目录、设置数据文件存储名称。

(2)编辑序列表:设置样品名称、进样编号、方法名称、进样次数、进样量。

(3)根据序列表将空白样品、标准序列样品、标准样品、平行样品置于自动进样器指定位置。

(4)设置检测参数:灯电流75mA;负高压310V;原子化器高度8.5mm;载气流量500mL/min;屏蔽气流量1000mL/min;进样体积:0.5mL;载流盐酸溶液(5+95)。

(5)点燃原子化炉丝,平衡系统约30min后,运行序列,对样品进行分析。

(6)分析完成后,根据标准系列检测结果建立元素锑的标准曲线信息。

(7)根据标准曲线信息,计算标准样品浓度,分析方法准确度;根据平行样检测结果,分析方法精密度。

(六)关机
关闭主机及计算机电源,松开蠕动泵压力模块。

(七)关气
关闭气瓶及压力表。

三、注意事项
安装相应的空心阴极灯时,不可用手触摸灯顶部的石英窗。

模块三 质量控制

项目一 相关知识

一、质量控制的意义和误差分类

> JBE001 质量控制的意义

(一)质量控制的目的及意义

水质分析质量控制的目的是把分析工作中的误差,减小到一定的限度,使之达到规定的范围,以获得准确可靠的测试结果,保证测试结果的精密度和准确度能在给定的置信水平(置信水平是指总体参数值落在样本统计值某一区内的概率)下,达到容许限规定的质量要求。简言之,就是发现和控制分析过程产生误差的来源,用以控制和减小误差的措施。

> JBE002 质量控制分析中误差的分类

分析质量控制过程可通过对有证参考物质(或控制样品)检验结果的偏差来评价分析工作的准确度;通过对有证参考物质(或控制样品)重复测定之间的偏差来评价分析工作的精密度。

质量控制过程中使用的基准物质应具备稳定、有足够的纯度、具有较大的摩尔质量、物质的组成与化学式相符的特点。在质量控制过程中,通过改变测量条件,检验同一被测量物质的重复性及再现性。

实验室质量控制按照内控(含分析人员自控、他控)、外控进行控制,从检测人员、仪器设备、现场采样、实验室分析、数据记录、报告等方面严把质控关。

(二)质量控制中的分析误差

分析工作中的误差有三类:系统因素影响引起的误差、随机因素影响引起的误差和过失行为引起的误差。

误差的表示方法如下:

(1)测定加标回收率表述准确度。

(2)用重复测定结果的标准偏差或相对标准偏差表述精密度。

不确定度是指由于测量误差的存在,对被测量值的不能肯定的程度。反过来,也表明该结果的可信赖程度,它是测量结果质量的指标。不确定度愈小,所述结果与被测量的真值愈接近,质量越高,水平越高,其使用价值越高;不确定度越大,测量结果的质量越低,水平越低,其使用价值也越低。

(三)质量控制样的选用原则

选择质量控制样时其组成应尽量与所要分析的待测样品相似,如待测样品中待测参数值波动不大,则可采用一个位于其间的中等参数值的质量控制样,否则,应根据参数幅度采用两种以上参数水平的质量控制样。

> JBE003 质量控制图的绘制

二、质量控制方法与要求

(一)质量控制图法

常用的质量控制图有均值—标准差控制图($\overline{X}-S$ 图)、均值—极差控制图($\overline{X}-R$ 图)、加标回收控制图(p-控制图)和空白值控制图(X_b-S_b图)等。质量控制图绘制与判断如图3-1所示。

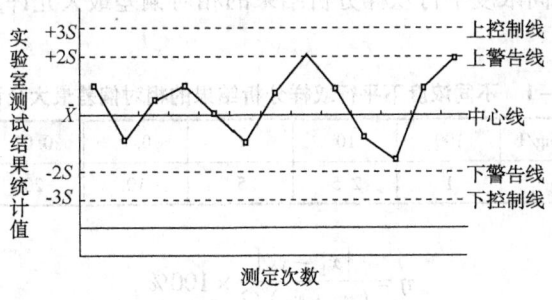

图3-1 质量控制图示例

质量控制图的绘制与分析方法如下：

(1)逐日分析质量控制样品达20次以上后,计算统计值。绘制中心线、上、下控制线、上、下警告线和上、下辅助线,按测定次序将相对应的各统计值在图上植点,用直线连接各点即成质量控制图。当积累了新的20批数据,应绘制新的质量控制图,作为下一阶段的控制依据。

(2)落于上、下辅助线范围内的点数若小于50%,则表明此图不可靠;连续7点落于中心线一侧则表明存在系统误差;连续7点递升或递降则表明质量异常,凡属上述情况之一者应立即中止实验,查明原因,重新制作质量控制图。

(3)在日常分析时,质量控制样品与被测样品同时进行分析,然后将质量控制样品测试结果标于图中,判断分析过程是否处于控制状态。

(4)控制限(3S):如果一个测量值超出控制限,应立刻重新测量。如果重新测量的结果在控制限内,则可以继续分析工作;如果重新测量的结果仍超出控制限,则停止分析工作并查找问题予以纠正。

(5)警告限(2S):如果3个连续点有2个超过警告限,应分析另一个样品。如果下一个点在警告限内,则可以继续分析工作;如果下一个点超出警告限,则需要评价潜在的偏差并查找问题予以纠正。

(6)根据上述质量控制依据,对一组检测数据进行分析,筛选可疑结果,并判断该方法是否存在问题需要纠正。

(二)平行双样法

JBE004 平行样的测定

平行双样法又称平行样法,是指在环境监测和样品分析中,样品只包括两个相同子样的方法。采集和测定平行样是实施环境监测质量保证的一项措施。平行样的测定结果在一定程度上反映了测试的精密度水平。在环境监测中,采集和测定平行样的百分比应根据样品的批量、测定的难易程度、有无质量控制等条件进行确定,一般不少于全部样品的10%。平行样的测定结果是否合格,可根据标准方法所规定的界限进行判别;也可将测定结果点入质量控制图进行判别;此外,还可参考分析化学中所做的一般规定进行判别。

1. 平行双样法的测定率要求

每批测试样品随机抽取10%~20%的样品进行平行双样测定。若样品数量较少时,应增加平行双样测定比例。

2. 平行双样法的允许差

表 3-1 列出了不同浓度平行双样分析结果的相对偏差最大允许参考数值,其相对偏差的计算见式(3-1)。

表 3-1　不同浓度下平行双样分析结果的相对偏差最大允许值

分析结果的质量浓度水平,mg/L	100	10	1	0.1	0.01	0.001	0.0001
相对偏差最大允许值,%	1	2.5	5	10	20	30	50

$$\eta = \frac{|x_1 - x_2|}{(x_1 + x_2)/2} \times 100\% \tag{3-1}$$

式中　η——相对偏差;

x_1、x_2——同一水样两次平行测定的结果。

应注意,平行双样分析包括密码平行双样分析,它反映测试结果的精密度。

(三) 加标回收分析

在测定样品时,于同一样品中加入一定量的标准物质进行测定,将测定结果扣除样品的测定值,计算回收率。加标回收分析在一定程度上能反映测试结果的准确度。在实际应用时应注意加标物质的形态、加标量和样品基体等。每批相同基体类型的测试样品应随机抽取 10%~20% 的样品进行加标回收分析。

回收率的计算方法如下:

$$P = \frac{\mu_a - \mu_b}{m} \times 100\% \tag{3-2}$$

式中　P——回收率,%;

μ_a——加标水样测定值,mg/L;

μ_b——原水样测定值,mg/L;

m——加入标准的质量,mg。

一般情况下,加标量不能过大,通常为待测物含量的 0.5~2.0 倍,且加标后的总含量不应超过方法的测定上限。

(四) 标准参考物(或质控样)对比分析

标准参考物是一种或多种经确定稳定度的物理、化学和计量学特性,并经正式批准可作为标准使用,以便用来校准测量器具、评价分析方法或给材料赋值的物质或材料。它可用于评价测量方法和测量结果的准确度。采用标准参考物(或质控样)和样品同步进行测试,将测试结果与标准样品保证值相比较,以评价其准确度和检查实验室内(或个人)是否存在系统误差。

(五) 测量数据的有效数字的方法及规则

> JBE005 质量控制的数据处理

有效数字用于表示测量数字的有效意义。指测量中实际能测得的数字,由有效数字构成的数值,其倒数第二位以上的数字应是可靠的(确定的),只有末位数是可疑的(不确定的)。对有效数字的位数不能任意增删。

由有效数字构成的测定值必然是近似值,因此,测定值的运算应按近似计算规则进行。

数字"0",当它用于指小数点的位置,而与测量的准确度无关时,不是有效数字;当它用于表示与测量准确程度有关的数值大小时,即为有效数字。这与"0"在数值中的位置有关。

一个分析结果的有效数字的位数,主要取决于原始数据的正确记录和数值的正确计算。在记录测量值时,要同时考虑到计量器具的精密度和准确度,以及测量仪器本身的读数误差。对检定合格的计量器具,有效位数可以记录到最小分度值,最多保留一位不确定数字(估计值)。

以实验室最常用的计量器具为例:

(1)用天平(最小分度值为 0.1mg)进行称量时,有效数字可以记录到小数点后面第四位,如 1.2235g,此时有效数字为五位;称取 0.9452g,则为四位。

(2)用玻璃量器量取体积的有效数字位数是根据量器的容量允许差和读数误差来确定的。如单标线 A 级 50mL 容量瓶,准确容积为 50.00mL;单标线 A 级 10mL 移液管,准确容积为 10.00mL,有效数字均为四位;用分度移液管或滴定管,其读数的有效数字可达到其最小分度后一位,保留一位不确定数字。

(3)分光光度计最小分度值为 0.005,因此,吸光度一般可记到小数点后第三位,有效数字位数最多只有三位。

(4)带有计算机处理系统的分析仪器,往往根据计算机自身的设定,打印或显示结果,可以有很多位数,但这并不增加仪器的精度和町读的有效位数。

(5)在一系列操作中,使用多种计量仪器时,有效数字以最少的一种计量仪器的位数表示。

表示精密度的有效数字根据分析方法和待测物的浓度不同,一般只取 1~2 位有效数字。分析结果有效数字所能达到的位数不能超过方法最低检测质量浓度的有效位数所能达到的位数。例如,一个方法的最低检测质量浓度为 0.02mg/L,则分析结果报 0.088mg/L 就不合理,应报 0.09mg/L。校准曲线相关系数只舍不入,保留到小数点后出现非 9 的 1 位,如 0.99989→0.9998。如果小数点后都是 9 时,最多保留小数点后 4 位。校准曲线斜率 b 的有效位数,应与自变量 x 的有效数字位数相等,或最多比 x 多保留一位。截距 a 的最后一位数,则和因变量 y 数值的最后一位取齐,或最多比 y 多保留一位数。

在数值计算中,当有效数字位数确定之后,其余数字应按修约规则一律舍去;某些倍数、分数、不连续物理量的数值,以及不经测量而完全根据理论计算或定义得到的数值,其有效数字的位数可视为无限。这类数值在计算中需要几位就定几位。

(六)校准曲线和回归曲线

1. 校准曲线定义

校准曲线是描述待测物质浓度或量与检测仪器响应值或指示量之间的定量关系曲线,分为"工作曲线"(标准溶液处理程序及分析步骤与样品完全相同)和"标准曲线"(标准溶液处理程序较样品有所省略,如样品预处理,校准曲线如图 3-2 所示)。

2. 校准曲线制作

(1)在测量范围内,配制的标准溶液系列,已知浓度点不得小于 6 个(含空白浓度),根据浓度值与响应值绘制校准曲线,必要时还应考虑基体的影响。

(2)制作校准曲线用的容器和量器,应经检定合格,如使用比色管应配套,必要时应进

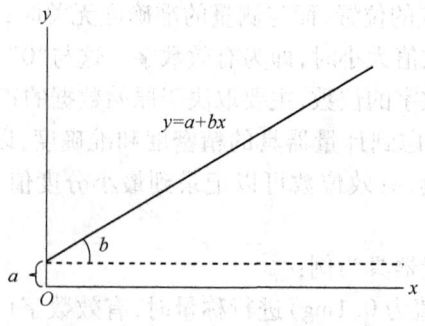

图 3-2 校准曲线的绘制示例

行容积的校正。

(3) 校准曲线绘制应与批样测定同时进行。

(4) 在校正系统误差之后,校准曲线可用最小二乘法对测试结果进行处理后绘制。

(5) 校准曲线的相关系数 y 绝对值一般应大于或等于 0.999,否则需从分析方法、仪器、量器及操作等因素查找原因,改进后重新制作。

(6) 使用校准曲线时,应选用曲线的直线部分和最佳测量范围,不得任意外延。

(7) 理想情况下用校准曲线测定一批样品时,仪器的响应在测定期间是不变的(不漂移)。实际上,由于仪器本身存在漂移,需要经常进行再校准,如间隔分析已知浓度的标准样或样品校正。

3. 校准曲线的使用

仪器分析测定中,常采用校准曲线分析方法。如果要使用早先已绘制的校准曲线,应在测定试样的同时,平行测定零浓度和中等浓度的标准溶液各两份,其均值与原校准曲线的精度不得大于 5%~10%,否则应重新制作校准曲线。

4. 回归校准曲线的统计检验

回归校准曲线的统计检验包括回归校准曲线的精密度检验、截距检验以及斜率检验。

(七)分析方法的适用性检验

1. 适用性检验的目的

分析人员在承担新的检测项目和分析方法时,应对该项目的分析方法进行适用性检验,包括空白值测定、分析方法检出限的估算、校准曲线的绘制及检验、方法的误差预测(如精密度、准确度及干扰因素)等,以了解和掌握分析方法的原理、条件和特性。

2. 空白值测定的方法

空白值是指以实验用水代替样品,其他分析步骤及所加试液与样品测定完全相同的操作过程所测得的值。空白值的测定能够提高准确度、消除系统误差。影响空白值的因素有:实验用水质量、试剂纯度、器皿洁净程度、计量仪器性能及环境条件、分析人员的操作水平和经验等。一个实验室在严格的操作条件下,对某个分析方法的空白值通常在很小的范围内波动。

空白值的测定方法是每批做平行双样测定,分别在一段时间内(隔天)重复测定一批,共测定 5~6 批。

空白平均值按式(3-3)计算:

$$\bar{b} = \frac{\sum X_b}{pn} \qquad (3-3)$$

式中 $\bar{b}$——空白平均值；

X_b——空白测定值；

p——批次；

n——平均分数。

空白平行测定(批内)标准偏差按式(3-4)计算：

$$S_{wb} = \sqrt{\frac{\sum_{i=1}^{p}\sum_{j=1}^{n}X_{ij}^2 - \frac{1}{n}\sum_{i=1}^{p}\left(\sum_{j=1}^{n}X_{ij}\right)^2}{p(n-1)}} \qquad (3-4)$$

式中 S_{wb}——空白平行测定(批内)标准偏差；

X_{ij}——为各批所包含的各个测定值；

i——代表批；

j——代表同一批内各个测定值；

p——批次；

n——平均分数。

3. 不同分析方法的具体规定

(1) 某些分光光度法是以吸光度(扣除空白)为 0.010 相对应的浓度值为检出限。

(2) 色谱法：检测器恰能产生与基线噪声相区别的响应信号时所需进入色谱柱的物质最小量为检出限，一般为基线噪声的两倍。

(3) 离子选择电极法：当校准曲线的直线部分外延的延长线与通过空白电位且平行于浓度轴的直线相交时，其交点所对应的浓度值即为离子选择电极法的检出限。

4. 测定下限

测定下限(又称为检测限、测量限)，是在限定误差能满足预定要求的前提下，用特定方法能够准确定量测定被测物质的最低浓度或含量，称为该方法的测定下限。最低检测质量及最低检测质量浓度的概念如下：

(1) 最低检测质量，即该方法能够准确测定的最低质量。

(2) 最低检测质量浓度，即最低检测质量所对应的浓度。该法所列测定下限(最低检测质量)，在分光光度法中系按净吸光度 0.02 所对应的含量或质量浓度。

三、各关键判定参数间的关系

(一) 真实值与平均值

> JBE009 真实值与平均值的概念

1. 真实值

物质中各组分的实际含量称为真实值，它是客观存在的，但不可能准确地知道。对于多次测量的数值，其准确度中测定值应选用平均值。

2. 平均值

(1) 总体与样本。

总体(或母体)是指随机变量 x_i 的全体，样本是指从总体中随机抽出的一组数据。

(2)总体平均值与样品平均值。

在日常工作中,总是对某试样平行测定数次,取其算术平均值为分析结果,若以 $x_1, x_2, \cdots, x_n$ 代表各次的测定值,n 代表平行测定的次数,$\bar{x}$ 代表样本平均值,则

$$\bar{x} = \frac{x_1 + x_2 + \cdots + x_n}{n} = \frac{\sum_{i=1}^{n} x_i}{n} \tag{3-5}$$

样本平均值不是真实值,只能说是真实值的最佳估计,只有在消除系统误差之后并且测定次数趋于无穷大时,所得总体平均值才能代表真实值。在实际工作中,人们把"标准物质"作为参考标准,用来校准测量仪器,评价测量方法等。

(二)准确度与误差的关系

> JBE010 准确度与误差的关系

准确度是指测定值与真实值之间相符合的程度。准确度的高低常以误差的大小来衡量,即误差越小,准确度越高,误差越大,准确度越低。

误差有两种表示方法:绝对误差和相对误差。

$$\text{绝对误差}(E) = \text{测定值}(x) - \text{真实值}(T) \tag{3-6}$$

$$\text{相对误差}(RE) = \frac{\text{测定值}(x) - \text{真实值}(T)}{\text{真实值}(T)} \tag{3-7}$$

由于测定值可能大于真实值,也可能小于真实值,所以绝对误差和相对误差都有正负之分。相对误差是指误差在真实值中所占的百分率,用相对误差来衡量测定的准确度更有意义。

根据误差产生的原因和性质,将误差分为系统误差和偶然误差。

系统误差又称可测误差,它是由分析操作过程中的某些经常原因造成的。重复测定时,它会重复表现出来,对分析结果的影响比较固定。化验分析中,将系统误差产生的原因归纳为以下几方面:仪器误差、方法误差、试剂误差和操作误差。

偶然误差又称随机误差,是指测定值受各种因素的随机变动而引起的误差,偶然误差的形成取决于测定过程中一系列随机因素,其大小和方向都是不固定的。

(三)精密度与相对标准偏差的关系

> JBE011 精密度与相对偏差的关系

精密度是指在相同条件下 n 次重复测定的结果彼此相符合的程度。精密度的大小用相对标准偏差表示,相对标准偏差越小,说明精密度越高。标准偏差在平均值中所占的百分率叫作相对标准偏差(RSD)。

$$S = \sqrt{\frac{1}{n-1} \sum_{i=1}^{n} (x_i - \bar{x})^2} \tag{3-8}$$

$$S = \sqrt{\frac{\sum x^2 - \frac{(\sum x)^2}{n}}{n-1}} \tag{3-9}$$

$$RSD = \frac{S}{\bar{x}} \times 100\% \tag{3-10}$$

式中　　S——标准偏差;

RSD——相对标准偏差,%;

x_i——某一测量值;

$\bar{x}$——一组测量值的平均值;

n——测量次数。

(四)检出限的估算

检出限为某特定分析方法在给定的置信度(通常为95%)内可从样品中检出待测物质的最小浓度。所谓"检出"是指定性检出,即判定样品中存有浓度高于空白的待测物质。检出限会受仪器的灵敏度和稳定性、全程序空白试验值及其波动性的影响。

1. 根据全程序空白值测试结果来估算检出限

(1)当空白测定次数 $n \geq 20$ 时,按式(3-11)计算:

$$DL = 4.6\sigma_{wb} \tag{3-11}$$

式中 DL——检出限;

σ_{wb}——空白平行测定(批内)标准偏差($n \geq 20$ 时)。

(2)当空白测定次数 $n < 20$ 时,按式(3-12)计算:

$$DL = 2\sqrt{2}\,t_f S_{wb} \tag{3-12}$$

式中 t_f——显著性水平为0.05(单侧)、自由度为 f 的 t 值;

S_{wb}——空白平行测定(批内)标准偏差($n < 20$ 时);

f——批内自由度,等于 $p(n-1)$,p 为批数,n 为每批平行测定个数。

(3)对各种光学分析方法,可测量的最小分析信号 X_L。按式(3-13)确定:

$$X_L = \overline{X}_b + KS_b \tag{3-13}$$

式中 $\overline{X}_b$——空白多次测量平均值;

S_b——空白多次测量的标准偏差;

K——根据一定置信水平确定的系数,当置信水平约为90%时,$K=3$。

与 $X_L - \overline{X}_b$(即 KS_b)相应的浓度或量即为检出限 DL。

$$DL = (X_L - \overline{X}_b)/S = 3S_b/S \tag{3-14}$$

式中 S——方法的灵敏度(即校准曲线的斜率)。

为了评估 $\overline{X}_b$ 和 S_b,空白测定次数应足够多,最好为20次。当遇到某些仪器的分析方法空白值测定结果接近于0.000时,可配制接近零浓度的标准溶液来代替纯水进行空白值测定,以获得有实际意义的数据进行计算。

2. 不同分析方法的具体规定

(1)某些分光光度法是以吸光度(扣除空白)为0.010相对应的浓度值为检出限。

(2)色谱法:检测器恰能产生与基线噪声相区别的响应信号时,所需进入色谱柱的物质的最小量为检出限,一般为基线噪声的两倍。

(3)离子选择电极法:当校准曲线的直线部分外延的延长线与通过空白电位且平行于浓度轴的直线相交时,其交点所对应的浓度值即为离子选择电极法的检出限。

(五)精密度和准确度的检验

1. 精密度检验

精密度是指使用特定的分析程序,在受控条件下重复分析测定均一样品所获得测定值之间的一致性程度。

(1)精密度检验方法。

检验分析方法精密度时,通常以空白溶液(实验用水)、标准溶液(浓度可选在校准曲线上限浓度值的0.1和0.9倍)、生活饮用水、生活饮用水加标样等几种分析样品,求得批内、批间标准偏差和总标准偏差。各类偏差值应等于或小于分析方法规定的值。

（2）精密度检验结果的评价。

由空白平行试验批内标准偏差，估计分析方法的检出限；比较各溶液的批内变异和批间变异，检验变异差异的显著性；比较水样与标准溶液测定结果的标准差，判断水样中是否存在影响测定精度的干扰因素；比较加标样品的回收率，判断水样中是否存在改变分析准确度，但可能不影响精密度的组分。

2. 准确度检验

准确度是反映方法系统误差和随机误差的综合指标。检验准确度可采用以下方法：

（1）使用标准物质进行分析测定，比较测定值与保证值，其绝对误差或相对误差应符合方法规定的要求。

（2）测定加标回收率（向实际水样中加入标准，加标量一般为样品含量的0.5~2倍，且加标后的总浓度不应超过方法的测定上限浓度值），回收率应符合方法规定的要求。

（3）对同一样品用不同原理的分析方法测试比对。

3. 干扰试验

通过干扰试验，检验实际样品中可能存在的共存物是否对测定有干扰，了解共存物的最大允许浓度。干扰可能导致正或负的系统误差，干扰作用大小与待测物浓度和共存物浓度大小有关。应选择两个（或多个）待测物浓度值和不同浓度水平的共存物溶液进行干扰试验测定。

（六）有效数字及数字修约规则

> JBE014 有效数字修约

1. 测量数据的有效数字及书写规则

有效数字用于表示测量数字的有效意义，指测量中实际能测得的数字。由有效数字构成的数值，其倒数第二位以上的数字应是可靠的（确定的），只有末位数是可疑的（不确定的）。对有效数字的位数不能任意增删。

"0"在有效数字中有两种意义，一种是数字定位，另一种是有效数字，数字之间的"0"和末尾数字的"0"都是有效数字，而数字前面所有的"0"只起定位作用。以"0"结尾的正整数，有效数字的位数不确定。例如4500这个数，就不好确定是几位有效数字，可能为2位或3位，也可能是4位。遇到这种情况，应根据实际有效数字书写成：4.5×10^3（2位有效数字）、4.50×10^3（3位有效数字）或 4.500×10^3（4位有效数字），因此很大或很小的数，常用10的乘方表示。当有效数字确定后，在书写时一般只保留一位可疑数字，多余的数字按数字修约规则处理。

2. 数字修约规则

为了适应生产和科技工作的需要，我国已正式颁布了《数值修约规则与极限数值的表示和判定》（GB/T 8170—2008），通常称为"四舍六入五成双"法则。这一法则的具体运用如下：

（1）拟舍弃数字的最左一位数字小于5，则舍去，保留其余各位数字不变，如28.2476只取3位有效数字，则为28.2。

（2）拟舍弃数字的最左一位数字大于5，则进一，即保留数字的末位数字加1，如28.2645只取3位有效数字，则为28.3。

（3）拟舍弃数字的最左一位数字是5，且其后无数字或全部为0时，若所保留的末位数字是奇数则进一,即保留数字的末位数字加 1;若所保留的末位数字为偶数,则舍去。如 28.350,28.250,28.050 只取 3 位有效数字,分别为 28.4,28.2 及 28.0。

(4)拟舍弃数字的最左一位数字是 5,且其后有非 0 数字时进一,即保留数字的末位数字加 1。如 28.2501 只取 3 位有效数字,应为 28.3。

(5)若拟舍去的数字包括几位数字时,不得对该数字进行连续修约,而应根据以上规则进行一次修约,如 2.154546,只取三位有效数字,应为 2.15。

3. 有效数字运算规则

在分析计算中,有效数字的保留也很重要。下面就加减法和乘除法的运算规则来加以讨论。在加减法运算中,保留有效数字的位数,以小数点后位数最少的为准。例如:$0.0121 + 25.64 + 1.05782 = 0.01 + 25.64 + 1.06 = 26.71$。而乘除法运算中,保留有效数字的位数,以位数最少的数为准。例如:$0.0121 \times 25.64 \times 1.05782 = 0.0121 \times 25.6 \times 1.06 = 0.328$。

一个分析结果的有效数字位数,主要取决于原始数据的正确记录和数值的正确计算。在记录测量值时,要同时考虑到计量器具的精密度和准确度,以及测量仪器本身的读数误差。对检定合格的计量器具,有效位数可以记录到最小分度值,最多保留一位不确定数字(估计值)。

项目二 绘制质量控制图

一、准备工作

(一)材料、工具

计算器 1 个,格尺 1 把,坐标纸 2 张,质控样品检测结果 30 个,样品检测结果 40 个。

(二)人员

1 人操作,持证上岗,劳动保护用品穿戴齐全。

二、操作规程

(一)绘制质量控制图

选择逐日分析的某指标质量控制样品检测结果,次数要求达 20 次以上,计算统计值。绘制中心线,上、下控制线(3S),上、下警告线(2S)和上、下辅助线(4S),按测定次序将相对应的各统计值在图上植点,用直线连接各点即成质量控制图。

当积累了 20 批数据,应绘制新的质量控制图,作为下一阶段的指控依据。

(二)通过质量控制图对数据和方法进行判断

(1)落于上、下辅助线范围内的点数若 <50%,则表示此图不可靠;连续 7 点落于中心线一侧则表明存在系统误差;连续 7 点递升或递降则表明质量异常,凡属上述情况之一者应立即中止实验,查明原因,重新绘制质量控制图。

(2)在日常分析时,质量控制样品与被测样品同时进行分析,然后将质量控制样品测试结果标于途中,判断分析过程是否处于控制状态。

(3)如果一个测量值超出控制限,应立即重新分析,如果重新测量的结果在控制限内,则可以继续分析工作;如果重新检测的结果超出控制限,则停止分析工作并查找问题予以纠正。

(4)如果3个连续点有2个超过警告限,分析另一个样品,如果下一个点在警告限内,则可以继续分析工作,如果下一个点超出警告限,则需要评价潜在的偏差并查找问题予以纠正。

(三)质量控制图的实际应用

根据上述质量控制依据,对一组检测数据进行分析,筛选可疑结果,并判断该方法是否存在问题需要纠正。

项目三 应用质量控制措施

一、准备工作

(一)材料、工具

计算器1个。

(二)人员

1人操作,持证上岗,劳动保护用品穿戴齐全。

二、操作规程

(一)掌握质量控制措施

分析人员在承担新的检测项目和分析方法时,应对该项目的分析方法进行适用性检验,包括空白值测定、分析方法检出限的估算、校准曲线的绘制及检验、方法的误差预测(如精密度、准确度及干扰因素等),以了解和掌握分析方法的原理、条件和特性。

(二)空白实验值测定

(1)空白试验值直接影响相应检测方法的检出限和精密度。影响空白值的因素有用水质量、试剂纯度、器皿接近程度、计量仪器性能及环境条件、分析人员的操作水平和经验等。

(2)空白值的测定方法是每批做平行双样测定。

对于空白实验值的控制,要求平行双分的测定结果之间相对差值 R 不得大于 50%,R 的计算方法如下:

$$R = (n_1 - n_2) / [(n_1 + n_2)/2] \times 100\% \tag{3-15}$$

(三)检出限的估算

(1)检出限为某特定分析方法在给定的置信度(通常为95%)内可从样品中检出待测物质的最小浓度。

(2)当空白测定次数≥20时,计算公式为 $DL = 4.6 \times \delta_{wb}$,其中 δ_{wb} 表示空白平行测定(批内)标准偏差($n \geq 20$)。

(3)当空白测定次数<20时,计算公式为 $DL = 2\sqrt{2} \times t_f \times S_{wb}$,其中 t_f 表示显著性水平为0.05(单侧)、自由度 f 的 t 值,S_{wb} 表示空白平行测定(批内)标准偏差($n < 20$),f 表示批内自由度,等于 $p(n-1)$,p 为批次,n 为每批平行测定个数。

(4)对各种光学分析方法,可测量的最小分析信号 X_L,计算公式为 $X_L = X_b + KS_b$,其中 X_b 为空白多次测量平均值,S_b 为空白多次测量的标准偏差,K 为根据一定置信水平确定的系数,当置信水平约为 90% 时 $K = 3$。

(5)某些分光光度法是以吸光度(扣除空白)为 0.010 相对应的浓度值为检出限;色谱法是以检测器恰能产生与基线噪声相区别的响应信号时所需进入色谱柱的物质最小量为检出限,一般为基线噪声的两倍。

(6)测定下限指的是在限定误差能满足预定要求的前提下,用特定方法能够准确定量测定被测物质的最低浓度和含量。

(四)精密度检验

精密度是指使用特定的分析程序,在受控条件下重新分析测定均一样品所获得测定值之间的一致性程度。

精密度测定通常以空白溶液(实验用水)、标准溶液(浓度可选在校准曲线上线浓度值的 0.1 和 0.9 倍)、样品、样品加标样等几种分析样品,求得批内、批间标准偏差和总标准偏差,偏差值应等于或小于分析方法规定的值。

(五)准确度检验

准确度是反应方法系统误差和随机误差的综合指数。检验准确度可采用的方法如下:

(1)使用标准物质进行分析测定,比较测定值和真实值,其绝对误差或相对误差应符合方法规定的要求。

(2)测定加标回收率(加标量一般为样品含量的 0.5~2 倍,且总浓度不应超过方法测定的上限浓度),回收率应符合方法规定的要求。

(3)对同一样品用不同原理的分析方法测定比对。

项目四 绘制标准曲线

一、准备工作

(一)材料、工具

计算器 1 个。

(二)人员

1 人操作,持证上岗,劳动保护用品穿戴齐全。

二、操作规程

(一)校准曲线定义

校准曲线是描述待测物质浓度或量与检测仪器响应值或知识量之间的定量关系的曲线,分为"工作曲线"(标准溶液处理程序及分析步骤与样品完全相同)和"标准曲线"(校准溶液处理程序较样品有所省略,如样品前处理)。

(二)校准曲线制作

(1)所用的容器和量器应经鉴定合格。

(2)在测量范围内,配置的标准溶液系列,已知浓度点不得小于 6 个(含空白浓度),利用 Excel 根据浓度值与响应值生成校准曲线。

(三)验证校准曲线

校准系数是校准曲线的斜率,反映着自变量的单位变化与引起因变量改变的大小,是标准曲线的重要质量指标。受操作条件和仪器灵敏度等因素的影响,校准曲线的相关系数(R)绝对值一般应大于或等于 0.999。

校准曲线和纵轴的交点与原点的距离即为校准曲线的截距,截距值尽管有时很小,但很少等于零。形成截距的原因,还包括在回归运算过程中尾数舍入所致的影响,对于这种截距可用统计检验的方法证实空白实验值的性质。

模块四 生产指导

项目一 相关知识

耗氯量是指单位体积达到规定游离余氯值所需加的液氯量,包括所有能与氯气反应消耗的氯量和保持水中规定游离余氯值所需氯量的总和。

水源水加氯后经过一定接触时间,所消耗的氯量称为需氯量或耗氯量。水中能消耗氯的物质很多,氯和耗氯的物质的作用极为复杂。水的需氯量并非是一固定值,它会随加氯量、水温、接触时间和 pH 值等因素而变,是在一定控制条件下相对比较的结果。需氯量试验是在水中加入不同量的氯,经一定接触时间后,测定剩余氯,以求出水的最低需氯量。

项目二 耗氯量试验

JBF001 耗氯量试验

一、准备工作

(一)材料、工具

漂白粉(试剂纯),淀粉指示剂溶液 50 mL(1%),碘化钾 100mL(10%),硫酸 500mL(1+8),硫代硫酸钠溶液 1000mL(0.05mol/L),蒸馏水,碘量瓶 20 个(150mL),三角瓶 2 个(250mL),滴定管 5 支(50mL),移液管 5 支(250mL),托盘天平 1 台。

(二)人员

1 人操作,持证上岗,劳动保护用品穿戴齐全。

二、操作规程

(一)试剂准备

(1)在托盘天平上称取约 1g 漂白粉,精确到 0.01g,溶于 500mL 蒸馏水中。待试样沉淀后,取上清液 50mL,置于 250mL 三角瓶中。向标样中加入 10% 碘化钾 10mL,再加入稀硫酸 10mL,放置暗处反应 5min。

(2)用 0.05mol/L 硫代硫酸钠溶液滴定至溶液显微黄色时加 1% 淀粉 1mL,滴定至蓝色消失,记录用量 V。

(3)计算漂白液中的有效率含量,并调整漂白液浓度,使漂白液中有效率的含量 C 为 0.1mg/mL,计算公式为:

$$C = (V \times 0.1 \times 35.46)/50$$

(二)耗氯量测定

(1)取 150mL 碘量瓶 10 个,各加水样 100mL,向各水样加入不同体积漂白粉液,盖好瓶盖摇匀放置30min。

(2)向10个碘量瓶中加入碘化钾固体数粒,淀粉溶液1mL摇匀,水样中如有余氯则出现蓝色,以首先出现蓝色的水样确定水样的耗氯量。

三、注意事项

正确使用天平。劳保用品穿戴齐全。

> JBF002 耗矾量试验

项目三 耗矾量试验

一、准备工作

(一)材料、工具

混凝剂,蒸馏水,取样桶2个(10L),高型烧杯6个(1L),秒表、温度表各1块,试验1台(6联)、浊度仪1台(散射光式),移液管2个(2mL),烧杯2个(500mL)。

(二)人员

1人操作,持证上岗,劳动保护用品穿戴齐全。

二、操作规程

(一)试剂准备

将混凝剂原液稀释为1mL溶液含5mg混凝剂,在托盘天平上称取混凝剂5g,移于1L容量瓶中,用蒸馏水稀释至刻度。

(二)测前准备

(1)取水样10L摇匀,测定水温和浊度。

(2)取6支1L大烧杯,各加1L水样,摇匀后置于搅拌机上,使每只烧杯的中心与搅拌桨轴心一致。

(三)耗矾量测定

(1)向搅拌机小试管中加混凝剂稀释液,根据原水浊度情况按等差数列向各小试管中加入不同量的稀释液。

(2)设定搅拌机转速及搅拌时间,启动搅拌器,转速稳定后,向水样中加入混凝剂,观察水样中矾花生成情况,做好描述记录。一般要求快速搅拌2min,转速300r/min,慢速搅拌15min,转速100r/min。

(3)停止搅拌后静置15min,取水样测定浊度。

(四)测定及评价

根据工艺要求确定合适的加药量。一般以工艺要求的浊度值确定达到该值所对应的水样杯的加药量为生产参考加药量。

理论知识练习题

技师理论知识练习题及答案

一、单项选择题（每题有 4 个选项，只有 1 个是正确的，将正确的选项填入括号内）

1. AA001　引起余氯消失，水中微生物一般停留在（　　）。
   A. 水厂出口　　　　　　　　B. 输水干线
   C. 支管末梢或管内流动性差的管段　　D. 流速大的管段

2. AA001　水中的（　　）成为细菌、线虫等生物的营养成分。
   A. 无机物　　　B. 盐类　　　C. 微生物　　　D. 有机物

3. AA002　正常供水的管网水出现臭味的原因是（　　）。
   A. 管线内有死水段　　　　　B. 在水中投加防腐剂
   C. 水中有消毒剂　　　　　　D. 水中投加混凝剂

4. AA002　供水管道漏水修复后，在供水前应进行（　　）。
   A. 污水排放　　B. 提压供水　　C. 清洗消毒　　D. 加入消毒剂

5. AA003　便池水箱水回流至用户家的管网中，属于（　　）。
   A. 净水过程中的污染　　　　B. 净水设施的污染
   C. 用水端的二次污染　　　　D. 管网中的污染

6. AA003　对城镇中个别用水量大、水质要求低的工业用户应（　　）。
   A. 分压给水　　B. 分质给水　　C. 分区给水　　D. 统一给水

7. AA004　在水厂与管网不能做大的改造时，提高管水质最好的办法（　　）。
   A. 在水中投加防腐剂　　　　B. 在水中投加阻垢剂
   C. 提高出厂水的稳定性　　　D. 增加二次处理设施

8. AA004　确保管网水质，新建、改建管道并网供水前应进行（　　）。
   A. 清洗消毒　　B. 防漏检查　　C. 填埋　　　　D. 保温

9. AA005　按划定的水源保护区，应设立（　　）。
   A. 标语　　　　B. 监控探头　　C. 围墙　　　　D. 地理界标

10. AA005　供水企业应有水源发生突发性水污染事故的（　　）。
    A. 监测组织　　B. 管理制度　　C. 应急预案　　D. 处置队伍

11. AA005　地表水环境质量评价应根据实现的水域功能类别，采用（　　）。
    A. 单项组分评价　　　　　　B. 单因子评价
    C. 综合合格率评价　　　　　D. 综合评价

12. AA006　水质评价最简便直接的方法是描述性评价水体的（　　）。
    A. 感观性状　　B. 一般化学指示　C. 卫生学指标　D. 毒理学指标

13. AA007　氯气溶于水后，可生成多种物质，起消毒作用的主要是（　　）。
    A. HCl　　　　B. Cl^-　　　C. $HClO$　　　D. Cl_2

14. AA007 使用氯气消毒,产生的主要副产物是(　　)。
    A. 次氯酸　　　B. 亚氯酸盐　　　C. 二氯甲烷　　　D. 三氯甲烷
15. AA008 对病毒灭活能力强的消毒剂是(　　)。
    A. 臭氧　　　B. 二氧化氯　　　C. 氯　　　D. 氯胺
16. AA008 制备二氧化氯消毒剂的原料之一是(　　)。
    A. 亚氯酸钠　　B. 氯气　　　C. 臭氧　　　D. 氯胺
17. AA009 在管网中最稳定的消毒剂是(　　)。
    A. 臭氧　　　B. 二氧化氯　　　C. 氯气　　　D. 氯胺
18. AA009 氯胺的性质(　　)。
    A. 刺激性气味　B. 氧化能力弱　C. 不稳定　　　D. 不溶于水
19. AA010 以空气或氧气为原料制备的消毒剂是(　　)。
    A. 臭氧　　　B. 二氧化氯　　　C. 氯气　　　D. 氯胺
20. AA010 在常温常压下可自行分解成氧气的消毒剂是(　　)。
    A. 臭氧　　　B. 二氧化氯　　　C. 氯气　　　D. 氯胺
21. AA011 氯气消毒产生的副产物是(　　)。
    A. 三氯甲烷　B. 亚氯酸盐　　C. 溴酸盐　　　D. 卤乙酸
22. AA011 臭氧消毒产生的副产物是(　　)。
    A. 三氯甲烷　B. 亚氯酸盐　　C. 溴酸盐　　　D. 卤乙酸
23. AA012 按膜的性质分类,可将膜分为生物膜和(　　)两大类。
    A. 合成膜　　B. 有机膜　　　C. 无机膜　　　D. 多孔膜
24. AA012 按膜的结构分类,可将膜分为致密膜和(　　)两大类。
    A. 合成膜　　B. 有机膜　　　C. 无机膜　　　D. 多孔膜
25. AA013 孔径范围在 0.1~10μm 的膜属于(　　)膜。
    A. 微滤　　　B. 超滤　　　　C. 纳滤　　　　D. 反渗透
26. AA013 主要用于医药用水制备的膜是(　　)膜。
    A. 微滤　　　B. 超滤　　　　C. 纳滤　　　　D. 反渗透
27. AA014 膜分离技术是通过膜的(　　)实现的。
    A. 直接透过　B. 间接透过　　C. 选择性透过　D. 非选择性透过
28. AA014 膜分离技术是以(　　)为推动力,依靠膜的选择透过性进行分离。
    A. 压力　　　B. 重力　　　　C. 孔径　　　　D. 黏滞力
29. AA015 在超滤过程中,由于被截留的杂质在膜表面上不断积累,会产生(　　)现象。
    A. 透水量增大　B. 拥挤透过　　C. 浓差极化　　D. 压差极化
30. AA015 超滤膜去除水中杂质的过程属于(　　)过程。
    A. 阻碍　　　B. 筛分　　　　C. 沉淀　　　　D. 渗透
31. AA016 超滤膜对细菌贾第鞭毛虫和隐孢子虫的截留率可达到(　　)。
    A. 100%　　　B. 99%　　　　C. 95%　　　　D. 90%
32. AA016 超滤膜对有机物的截留率一般在(　　)。
    A. 10%~20%　B. 10%~30%　　C. 20%~50%　　D. 30%~50%
33. AA017 臭氧—活性炭工艺对有机污染物的去除率为(　　)。

A. 50%以上 　　B. 100% 　　C. 30%以下 　　D. 0

34. AA017　经过臭氧—生物活性炭工艺处理后,水中Ames致突变试验结果多为(　　)。
    A. 阴性 　　　B. 阳性 　　　C. 偏大 　　　D. 偏小
35. AA018　传统的评价活性炭性能的主要指标有(　　)。
    A. 材质 　　　B. 颗粒大小 　　C. 孔径 　　　D. 碘吸附值
36. AA018　下列不属于传统的衡量和评价活性炭的一般性能指标的是(　　)。
    A. 无机炭吸附值 　　　　　　B. 碘吸附值
    C. 亚甲基蓝吸附值 　　　　　D. 四氯化碳吸附值
37. AA019　活性炭吸附作用主要来源于(　　)吸附作用。
    A. 化学表面 　B. 物理表面 　C. 酸性表面 　D. 碱性表面
38. AA019　活性炭对(　　)的吸附较弱。
    A. 水中非极性物质 　　　　　B. 弱极性有机物质
    C. 不带电物质 　　　　　　　D. 带电物质
39. AA020　活性炭用以除去有机物,当碳吸附饱和后,可通过(　　)重复使用。
    A. 加热 　　　B. 反洗 　　　C. 再生 　　　D. 解吸
40. AA020　工业上最成熟的活性炭再生方法是(　　)。
    A. 加热再生法 　　　　　　　B. 溶剂再生法
    C. 湿式氧化再生法 　　　　　D. 电化学再生法
41. AA021　污水的物理处理主要对象是(　　)。
    A. 悬浮物 　　B. 有机物 　　C. 总磷 　　　D. 氨氮
42. AA021　悬浮物被拦截去除的装置是(　　)。
    A. 格栅 　　　B. 水解酸化池 　C. 沉淀池 　　D. 浓缩池
43. AA022　主要去除有机物的构筑物是(　　)。
    A. 预处理 　　B. 水解酸化池 　C. 曝气生物滤池 　D. 反硝化生物滤池
44. AA022　生物处理主要是分解(　　)。
    A. 有机物 　　B. 无机物 　　C. 悬浮物 　　D. 微生物
45. AA023　生物脱氮除磷系统的活性污泥中,菌群主要由反硝化菌、聚磷菌和(　　)组成。
    A. 细菌 　　　B. 微生物 　　C. 反硝化菌 　　D. 硝化菌
46. AA023　污泥经硝化、脱水等无害化处理后,要检测(　　)。
    A. 有机物 　　B. 无机物 　　C. 悬浮物 　　D. 污泥含水率
47. AA024　原水经混凝和过滤等预处理后,除去了水中的(　　)。
    A. 悬浮物 　　B. 硬度 　　　C. 碱度 　　　D. 气体
48. AA024　离子交换软化水处理是降低水的(　　)的过程。
    A. 色度 　　　B. 浊度 　　　C. 碱度 　　　D. 硬度
49. AA025　按药剂的化学组分,属于无机盐缓蚀剂的一组是(　　)。
    A. 聚磷酸盐、硅酸盐、胺盐 　　　B. 聚磷酸盐、硅酸盐、硝酸盐
    C. 聚磷酸盐、胺盐、硝酸盐 　　　D. 胺盐、硅酸盐、硝酸盐
50. AA025　水温对设备腐蚀的影响下列描述正确的是(　　)。

A. 水温高加速腐蚀　　　　　　　B. 水温低加速腐蚀
C. 4℃时腐蚀加剧　　　　　　　D. 不影响

51. AA026　石油炼制工业企业的设备与管线组件应设置编号和永久标志,泄漏检测按（　　）的规定执行。
 A. HJ/T 373—2007　　　　　　B. HJ/T 397—2007
 C. HJ 733—2014　　　　　　　D. HJ 732—2014

52. AA026　有机废气催化燃烧技术,有机液体储罐呼吸气低温吸收技术,热焚烧技术 VOC 控制效率都可以达到（　　）以上。
 A. 95%　　　B. 90%　　　C. 85%　　　D. 80%

53. AA027　《饮用天然矿泉水》(GB 8537—2008)规定溶解性总固体的含量为（　　）。
 A. ≥500mg/L　B. ≥100mg/L　C. ≥1000mg/L　D. ≤500 mg/L

54. AA027　《饮用天然矿泉水》(GB 8537—2008)规定偏硅酸的含量应不小于（　　）。
 A. 30mg/L　　B. 25mg/L　　C. 50mg/L　　D. 15mg/L

55. AA028　直接从事供、管水的人员,必须经健康体检合格后可上岗,健康体检周期为（　　）。
 A. 半年　　　B. 一年　　　C. 两年　　　D. 三年

56. AA028　直接从事供、管水的人员,上岗前须进行（　　）培训。
 A. 卫生知识　B. 专业　　　C. 计算机　　D. 水质检测

57. AA029　储水设施入孔或水箱入口应有（　　）,并有上锁装置。
 A. 孔　　　　B. 通风口　　C. 盖（或门）　D. 投药口

58. AA029　为保障向居民提供符合卫生要求的饮用水,每年应对储水设施进行一次全面（　　）,并对水质进行检验。
 A. 维护保养　B. 清洗消毒　C. 清洗　　　D. 更换部件

59. AA030　生产销售涉水产品,必须取得（　　）。
 A. 卫生许可批件　B. 生产许可　C. 卫生许可证　D. 工商证

60. AA030　供水单位使用涉水产品时,必须索要质量检验报告和（　　）等相关材料。
 A. 检验报告　B. 卫生许可证　C. 卫生许可批件　D. 工商证

61. AB001　任何程序都必须加载到（　　）才能被CPU执行。
 A. 磁盘　　　B. 硬盘　　　C. 内存　　　D. 外存

62. AB001　下列软件不属于操作系统的是（　　）。
 A. Windows XP　B. Unix　　C. Linux　　D. Microsoft Office

63. AB001　网络上广泛使用的"WWW"是一种（　　）。
 A. 浏览服务模式　B. 网络主机　C. 网络服务器　D. 网络模式

64. AB002　在地址栏输入的地址中的"http"代表的是（　　）。
 A. 协议　　　B. 主机　　　C. 地址　　　D. 资源

65. AB003　一般情况下,计算机病毒保持一种（　　）,直到出现某个触发事件（例如某个系统日期）才发作。
 A. 静止状态　B. 活动状态　C. 系统程序　D. 应用程序

66. AB003　基本的病毒类型按照其感染计算机的区域可定义为（　　）、程序型病毒和宏病毒。
A. 引导型病毒　　　　　　　B. 特洛伊木马病毒
C. 蠕虫病毒　　　　　　　　D. 逻辑炸弹病毒

67. AB004　在 Windows 中能更改文件名的操作是(　　)。
A. 用鼠标右键单击文件名,然后选择"重命名",键入新文件名后按回车键
B. 用鼠标左键单击文件名,然后选择"重命名",键入新文件名后按回车键
C. 用鼠标右键双击文件名,然后选择"重命名",键入新文件名后按回车键
D. 用鼠标左键双击文件名,然后选择"重命名",键入新文件名后按回车键

68. AB004　Windows 的目录结构采用的是(　　)。
A. 树形结构　　B. 线形结构　　C. 层次结构　　D. 网状结构

69. AB005　段落标记是在输入(　　)之后产生的。
A. 句号　　B. Enter 键　　C. Shift + Enter　　D. 分页符

70. AB005　Word 文档文件的扩展名是(　　)。
A. txt　　B. doc　　C. wps　　D. exe

71. AB006　在 Excel 中,根据数据表制作图表时,可以对(　　)进行设置。
A. 标题　　B. 坐标轴　　C. 网格线　　D. 都可以

72. AB006　在 Excel 中,排序、汇总、筛选等功能通过(　　)菜单进入。
A. 数据　　B. 编辑　　C. 格式　　D. 工具

73. AB007　关于自定义动画,说法正确的是(　　)。
A. 可以调整顺序　　　　　　B. 可以设置动画效果
C. 可以带声音　　　　　　　D. 以上都对

74. AB007　PowerPoint 中,有关选定幻灯片的说法错误的是(　　)。
A. 在浏览视图中单击幻灯片,即可选定
B. 如果要选定多张不连续幻灯片,在浏览视图下按 Ctrl 键并单击各张幻灯片
C. 如果要选定多张连续幻灯片,在浏览视图下,按下 Shift 键并单击最后要选定的幻灯片
D. 在幻灯片视图下,不可以选定多个幻灯片

75. BA001　对于液相色谱来说,当流速大于(　　)时,对谱带扩展的影响可忽略不计。
A. 0.5mm/s　　B. 5mm/s　　C. 0.5cm/s　　D. 5cm/s

76. BA001　影响液相色谱谱带扩展的柱内因素不包括(　　)。
A. 涡流扩散　　　　　　　　B. 传质速率不同
C. 组分分子纵向扩散　　　　D. 流路系统的死体积

77. BA002　电子捕获检测器通常用于检测(　　)元素。
A. 氢　　B. 卤　　C. 氧　　D. 氮

78. BA002　火焰光度检测器用于测定(　　)元素。
A. 氢　　B. 卤　　C. 硫　　D. 氮

79. BA003　氢火焰离子化检测器中,使用(　　)作载气将得到较好的灵敏度。
A. H_2　　B. N_2　　C. He　　D. Ar

80. BA003　关于范第姆特方程式,下列说法是正确的是(　　)。

A. 载气最佳流速这一点,柱塔板高度最大
B. 载气最佳流速这一点,柱塔板高度最小
C. 塔板高度最小时,载气流速最小
D. 塔板高度最小时,载气流速最大

81. BA004 与气相色谱相比,高效液相色谱的优点在于可以检测( )的有机指标。
    A. 低沸点　　B. 高沸点　　C. 蒸汽压低　　D. 小分子

82. BA004 液相色谱填充柱的柱效( )气相色谱填充柱的柱效。
    A. 低于　　B. 等于　　C. 高于　　D. 不一定

83. BA005 流动相在使用前必须进入脱气装置,以防止洗脱时当流动相由色谱柱流至检测器时,因压力( )而产生气泡。
    A. 不变　　B. 升高　　C. 降低　　D. 波动

84. BA005 高效液相色谱仪各组件在联用后,要求( )。
    A. 灵敏度低　　B. 保留时间短　　C. 体积大　　D. 死体积小

85. BA006 恒压泵在系统阻力变化是可以保持恒定的( )。
    A. 流量　　B. 压力　　C. 脉冲　　D. 温度

86. BA006 ( )可以输出恒定体积流量的流动相。
    A. 恒流泵　　　　　　　　B. 恒压泵
    C. 单液缸气动放大泵　　　D. 双液缸气动放大泵

87. BA007 HPLC 常采用的手动进样方式为( )进样。
    A. 隔膜注射　　B. 样品阀　　C. 截流进样器　　D. 自动进样

88. BA007 六通阀进样装置没有和( )相连接。
    A. 色谱柱　　B. 检测器　　C. 废液　　D. 泵

89. BA008 高效液相色谱仪中,能够实现对样品定量分析的组件是( )。
    A. 进样器　　B. 高压泵　　C. 柱箱　　D. 检测器

90. BA008 检测器的池体积应小于最早流出的死时间色谱峰的洗脱体积的( ),否则会产生严重的柱外谱带拓展。
    A. 1/10　　B. 1/5　　C. 1/3　　D. 1/2

91. BA009 HPLC 快速扫描多波长 UV 检测器,是用线形( )装置来检测紫外光。
    A. 光敏电阻　　B. 光敏电极　　C. 二极管　　D. 三极管

92. BA009 使用荧光检测器时,应注意( )不应在激发波长和荧光波长处产生强烈的吸收。
    A. 固定相　　B. 流动相　　C. 待测组分　　D. 空气

93. BA010 所谓梯度淋洗是指溶剂的( )随时间的增加而增加。
    A. 温度　　B. 流量　　C. 黏度　　D. 强度

94. BA010 对于吸附色谱,( )梯度淋洗效果最好。
    A. 线性　　B. 凹形　　C. 阶梯形　　D. 线性+阶梯形

95. BA011 当选定一种高效液相色谱方法时,两个相邻色谱峰分离度 $R=1$ 时,说明两峰( )。
    A. 完全重合　　　　　　B. 分离开90%以上

C. 分离不足50%　　　　　　D. 完全分开

96. BA011　用高效液相色谱法分析复杂组分的样品时,应考虑(　　)。
A. 使用梯度洗脱方式　　　　B. 调整色谱柱温度
C. 选用合适的检测器　　　　D. 以上都是

97. BA012　(　　)色谱柱可细分为硅胶柱及各种键合色谱柱。
A. 正相　　　B. 反相　　　C. 离子交换　　　D. 体积排除

98. BA012　(　　)色谱柱中,用于水相体系的称为凝胶过滤色谱柱。
A. 正相　　　B. 反相　　　C. 离子交换　　　D. 体积排除

99. BA013　HPLC要求色谱柱的渗透率不应随(　　)而变化。
A. 流速　　　B. 压力　　　C. 压降　　　D. 柱径

100. BA013　现代高效液相色谱的色谱柱几乎均是管状的,且多采用(　　)。
A. 直型　　　B. U形　　　C. O形　　　D. 弯型

101. BA014　在色谱分析过程中,进行样品前处理的原因是(　　)。
A. 待测组分浓度太低
B. 基质组分的存在影响样品检测
C. 污染物可能损害色谱柱
D. 以上都是

102. BA014　传统液液萃取法的缺点是(　　)。
A. 对样品需求量较大　　　　B. 消耗大量有机溶剂
C. 操作费时,分离效率较低　　D. 以上都是

103. BA015　与液液萃取相比,固相萃取的优势是(　　)。
A. 节省时间　　B. 节省药剂　　C. 样品处理量增加　　D. 以上都是

104. BA015　固相萃取的过程是(　　)。
A. 上样→保留→淋洗　　　　B. 上样→保留→洗脱
C. 上样→保留→淋洗→洗脱　　D. 上样→保留→洗脱→淋洗

105. BA016　固相萃取过程中,对淋洗剂要求叙述正确的是(　　)。
A. 挥发性小,在操作温度下有较低蒸汽压,以免流失
B. 热稳定性好,在操作温度下不发生分解
C. 对试样组分有适当的溶解能力
D. 以上都是

106. BA016　在固相萃取中,固相对分离物的吸附力与溶解分离物的溶剂相比要(　　)。
A. 大　　　B. 小　　　C. 一致　　　D. 无具体要求

107. BA017　在使用固相萃取柱过程中,能够最大程度除去干扰物的操作是(　　)。
A. 活化　　　B. 上样　　　C. 淋洗　　　D. 洗脱

108. BA017　固相萃取填料通常是色谱吸附剂,其中C_{18}、C_8等填料属于(　　)基质。
A. 硅胶　　　B. 高聚物　　　C. 无机材料　　　D. 以上都不是

109. BA018　柱后衍生化主要是为了提高检测的(　　)。
A. 精密度　　　B. 效率　　　C. 分离度　　　D. 灵敏度

110. BA018　在高效液相色谱分析中,实现衍生化反应的设备是(　　)。

A. 热解析仪　　B. 柱后衍生仪　　C. 吹扫捕集仪　　D. 质谱仪

111. BA019　在呋喃丹的检测过程中,经过衍生化反应,将呋喃丹转化成为具有荧光效应的新物质,进入(　　)进行分析。
　　A. 电导检测器　　B. 紫外检测器　　C. 安培检测器　　D. 荧光检测器

112. BA019　利用柱后衍生技术检测草甘膦含量时,先用(　　)将草甘膦氧化成氨基乙酸,氨基乙酸经过衍生反应后进入荧光检测器进行测定。
　　A. 硫酸　　B. 高锰酸钾　　C. 次氯酸盐　　D. 臭氧

113. BB001　用气液色谱测定卤代烃时,固定相中担体的作用是(　　)。
　　A. 提供大的表面支撑固定液　　B. 吸附样品
　　C. 分离样品　　D. 脱附样品

114. BB001　用气相色谱法测定卤代烃过程中,可用作定量的参数是(　　)。
　　A. 保留时间　　B. 相对保留值　　C. 半峰宽　　D. 峰面积

115. BB002　正己烷、正己醇、苯在正相色谱中的洗脱顺序为(　　)。
　　A. 正己醇、苯、正己烷　　B. 正己烷、苯、正己醇
　　C. 苯、正己烷、正己醇　　D. 正己烷、正己醇、苯

116. BB002　测定苯系物通常选用(　　)检测器。
　　A. 电子捕获　　B. 氢火焰离子化　　C. 火焰光度　　D. 热导

117. BB003　测定有机氯农药通常选用(　　)检测器。
　　A. 电子捕获　　B. 氢火焰离子化　　C. 火焰光度　　D. 热导

118. BB003　测定有机氯农药所需水样(　　)。
　　A. 250mL　　B. 200mL　　C. 150mL　　D. 500mL

119. BB004　离子色谱法测定氟化物时,含高浓度钙、镁的水样,应先经过(　　)交换柱处理。
　　A. 强酸性阳离子　　B. 强酸性阴离子
　　C. 强碱性阳离子　　D. 强碱性阴离子

120. BB004　离子色谱法测定氟化物时,水样中经色谱分离的阴离子在抑制器系统中转变为(　　)。
　　A. 低电导率的强酸　　B. 低电导率的弱酸
　　C. 高电导率的强酸　　D. 高电导率的弱酸

121. BB005　离子色谱法测定氯化物时,含高浓度钙、镁的水样,应先经过(　　)交换柱处理。
　　A. 强酸性阳离子　　B. 强酸性阴离子　　C. 强碱性阳离子　　D. 强碱性阴离子

122. BB005　离子色谱法测定氯化物时,水样中经色谱分离的阴离子在抑制器系统中转变为(　　)。
　　A. 低电导率的强酸　　B. 低电导率的弱酸
　　C. 高电导率的强酸　　D. 高电导率的弱酸

123. BB006　离子色谱法测定硝酸盐时,为了防止分离柱系统阻塞,样品必须经过(　　)滤膜过滤。
　　A. 0.20μm　　B. 0.32μm　　C. 0.4μm　　D. 0.51μm

124. BB006 离子色谱法测定硝酸盐时,含高浓度钙、镁的水样,应先经过(　　)交换柱处理。
　　A. 强酸性阳离子　B. 强酸性阴离子　C. 强碱性阳离子　D. 强碱性阴离子
125. BB007 生活饮用水在使用(　　)作为消毒剂时,需测定亚氯酸盐的含量。
　　A. 氯气　　　　B. 二氧化氯　　C. 臭氧　　　　D. 紫外线
126. BB007 测定亚氯酸盐时,如果样品中二氧化氯浓度过高,可以通过吹入氮气和加入(　　)做保护剂消除干扰。
　　A. 硫代硫酸钠　B. 氢氧化钠　　C. 乙二胺　　　D. 硫酸
127. BB008 离子色谱用纤维抑制柱时,单位时间内再生液总摩尔质量必须比淋洗液大(　　)以上。
　　A. 1倍　　　　B. 2倍　　　　C. 4倍　　　　D. 5倍
128. BB008 以下三种离子色谱抑制柱,柱容量大的是(　　)。
　　A. 树脂填充抑制柱　　　　　B. 纤维抑制柱
　　C. 微膜抑制柱　　　　　　　D. 一样大
129. BB009 离子色谱对阳离子分离时,抑制柱填充(　　)交换树脂。
　　A. 强酸性阳离子　B. 弱酸性阳离子　C. 强碱性阴离子　D. 弱碱性阴离子
130. BB009 当含 Li^+、Na^+、K^+ 的溶液进行离子交换时,各离子在交换柱中从上到下的位置为(　　)。
　　A. Li^+、Na^+、K^+　　　　　B. Na^+、K^+、Li^+
　　C. K^+、Li^+、Na^+　　　　　D. K^+、Na^+、Li^+
131. BB010 利用离子色谱检测溴酸盐,通常使用(　　)检测器。
　　A. 紫外　　　　B. 安培　　　　C. 荧光　　　　D. 电导
132. BB010 测定溴酸盐时,如果样品中有机物含量过高,可以将样品先通过(　　),以去除干扰。
　　A. H柱　　　　B. RP柱　　　　C. Ag柱　　　　D. 滤膜
133. BB011 《生活饮用水卫生标准》(GB 5749—2006)中规定生活饮用水中微囊藻毒素的含量不应超过(　　)。
　　A. 0.1mg/L　　B. 0.01mg/L　　C. 0.001mg/L　　D. 0.0001mg/L
134. BB011 《生活饮用水卫生标准》(GB 5749—2006)中规定微囊藻毒素的检测方法为(　　)。
　　A. 高效液相色谱法　　　　　B. 离子色谱法
　　C. 气相色谱法　　　　　　　D. 分光光度法
135. BB012 下列用于高效液相色谱的检测器,(　　)不能使用梯度洗脱。
　　A. 紫外检测器　　　　　　　B. 荧光检测器
　　C. 蒸发光散射检测器　　　　D. 示差折光检测器
136. BB012 在使用液相色谱法检测苯酚类过程中,(　　)不会显著影响分离效果。
　　A. 改变固定相种类　　　　　B. 改变流动相流速
　　C. 改变流动相配比　　　　　D. 改变流动相种类
137. BB013 在使用液相色谱法测定邻苯二甲酸酯类时,为了改变色谱柱的选择性,可以进行( )的操作。
A. 改变柱长　　　　　　　　B. 改变填料粒度
C. 改变流动相或固定相种类　　D. 改变流动相的流速

138. BB013　一般评价烷基键合相色谱柱时所用的样品为( )。
A. 苯、萘、联苯、尿嘧啶　　　B. 苯、萘、联苯、菲
C. 苯、甲苯、二甲苯、三甲苯　D. 苯、甲苯、二甲苯、联苯

139. BB014　《生活饮用水卫生标准》(GB 5749—2006)中规定用高效液相色谱法检测呋喃丹的同时,还可以同时检测( )。
A. 草甘膦　　B. 甲萘威　　C. 微囊藻毒素　　D. 灭草松

140. BB014　可以利用衍生化技术进行检测分析的项目是( )。
A. 呋喃丹　　B. 多环芳烃　C. 微囊藻毒素　　D. 灭草松

141. BC001　ICP–MS (inductively coupled plasma mass spectrometry)被称为( )。
A. 电感耦合等离子体
B. 电感耦合等离子体—质谱法
C. 电感耦合等离子体—液相法
D. 电感耦合等离子体—气相法

142. BC001　ICP–MS 的基本原理是被分析样品通常以水溶液的( )形式引入氩气流中,然后进入由射频能量激发的处于大气压下的氩等离子体中心区。
A. 离子　　　B. 液滴　　　C. 雾化　　　D. 气溶胶

143. BC002　下列哪项技术可以定性定量测定 Cr(Ⅲ)和 Cr(Ⅵ)的含量( )。
A. ICP–MS 技术与离子色谱技术联用　B. ICP–MS
C. 离子色谱技术　　　　　　　　　　D. 液相色谱技术

144. BC002　下列哪些不属于 ICP–MS 应用( )。
A. ICP–MS 在环境样品分析中的应用
B. ICP–MS 与其他技术的联用
C. ICP–MS 在生命科学研究中的应用
D. 理论研究

145. BC003　原子吸收光谱法主要用于对无机化合物进行元素( )。
A. 痕量分析　B. 定性分析　C. 定量分析　D. 定性和定量分析

146. BC003　( )是指在蒸气相中的基态原子吸收该元素特征辐射光线而产生的吸收光谱。
A. 原子吸收光谱　B. 原子发射光谱　C. 红外吸收光谱　D. ICP–MS

147. BC004　原子吸收是指呈( )的原子对由同类原子辐射出的特征谱线所具有的吸收现象。
A. 液态　　　B. 气态　　　C. 气溶胶　　D. 固态

148. BC004　原子吸收光谱根据( )来确定样品中化合物的含量。
A. 郎伯—比尔定律　B. 伯努力方程　C. 斯涅尔定律　D. 散射定律

149. BC005　通常使用( )或无极放电灯作为原子吸收分光光度计的光源。
A. 空心阴极灯(元素灯)　　　　B. 氘灯

C. 荧光灯 D. 钨灯

150. BC005 原子吸收光谱仪中（　　）是仪器的核心。
    A. 单色器 B. 光源和原子化器
    C. 检测器 D. 数据处理输出系统

151. BC006 原子吸收光谱分析利用（　　）可以测定多种有机物。
    A. 间接法 B. 直接法 C. 定量法 D. 定性法

152. BC006 通过气相色谱和液体色谱分离然后以原子吸收光谱加以测定，可以分析（　　）。
    A. 不同种金属元素
    B. 不同有机化合物
    C. 同种金属元素的不同有机化合物
    D. 不同种金属元素的不同有机化合物

153. BC007 下列属于火焰原子化器的火焰类型的是（　　）。
    A. 空气—氩气火焰 B. 氮氧化物火焰
    C. 空气—乙炔火焰 D. 氢气—乙炔火焰

154. BC007 原子吸收光谱仪操作步骤中的第一步是（　　）。
    A. 标准曲线测定 B. 新建方法并保存
    C. 样品测定 D. 开机开气点灯

155. BC008 当待测样品是污水或杂质含量较多时，直接进样会导致原子吸收火焰进样系统堵塞或污染时，应对待测样品（　　）后再测定。
    A. 沉淀 B. 过滤 C. 消解 D. 酸化

156. BC008 原子吸收光谱仪在测定样品前元素灯应（　　），确保灯的能量稳定。
    A. 预热60min B. 预热10min C. 预热30min D. 不用预热

157. BC009 （　　）技术具有原子吸收和原子发射光谱两种技术的优点，同时又克服了两者的不足。
    A. 原子荧光 B. 原子吸收 C. 气相色谱仪 D. 高效液相色谱仪

158. BC009 把氢化物发生与（　　）结合是一种具有较大实用价值的分析技术。
    A. 高效液相色谱法 B. 原子吸收法
    C. 气相色谱法 D. 原子荧光光谱法

159. BC010 （　　）的特点是激发线与荧光线的高低能级相同、强度最大，在分析中应用最广。
    A. 共振荧光 B. 直跃线荧光 C. 阶跃线荧光 D. 敏化荧光

160. BC010 （　　）是原子蒸气受到具有特征波长的光源照射后，其中一些自由原子被激发跃迁到较高能态，然后去活化回到某一较低能态而发射出特征光谱的物理现象。
    A. 原子荧光 B. 原子吸收 C. 气相色谱仪 D. 高效液相色谱仪

161. BC011 原子荧光光谱分析的基本原理仅适用于（　　）的原子荧光分析。
    A. 低浓度 B. 中等浓度 C. 高浓度 D. 常量

162. BC011 （　　）不会导致原子荧光法的工作曲线变宽。
    A. 多普勒变宽 B. 自吸 C. 环境温度 D. 散射

163. BC012　处于激发态的原子寿命(　　)。
　　　A. 较长　　　　B. 很长　　　　C. 十分短暂　　　D. 不一定
164. BC012　荧光量子效率表示单位时间内发射荧光光子数与吸收激发光光子数的比值，通常小于(　　)。
　　　A. 0.1　　　　B. 0.5　　　　C. 1　　　　D. 10
165. BC013　原子荧光分析中利用高强的光源照射，可使待测原子基态原子数(　　)。
　　　A. 大大减少　　B. 大大增加　　C. 保持恒定　　D. 无法确定
166. BC013　对光源的吸收达到饱和进而出现荧光饱和状态，称为(　　)。
　　　A. 直跃线荧光　B. 共振荧光　　C. 饱和荧光　　D. 阶跃线荧光
167. BC014　氢化物发生进样方法是借助(　　)将待测共价氢化物导入原子光谱分析系统进行测量。
　　　A. 载流液　　　B. 载气流　　　C. 六通阀　　　D. 注射器
168. BC014　氢化物发生进样法的进样效率近乎(　　)。
　　　A. 40%　　　　B. 60%　　　　C. 80%　　　　D. 100%
169. BC015　在金属—酸还原体系中只能产生(　　)。
　　　A. 砷化氢　　　B. 硒化氢　　　C. 汞化氢　　　D. 铅化氢
170. BC015　利用金属—酸还原体系能生成的氢化物元素较(　　)。
　　　A. 多　　　　　B. 少　　　　　C. 相等　　　　D. 不一定
171. BC016　当pH值等于(　　)时，硼氢化钠与酸反应生成氢气仅需4.3μs。
　　　A. 4　　　　　B. 7　　　　　C. 0　　　　　D. 14
172. BC016　进行氢化物发生时，必须保持一定的(　　)，被测元素也必须保持一定的价态存在。
　　　A. 浊度　　　　B. 中性　　　　C. 碱度　　　　D. 酸度
173. BC017　(　　)中，溶液中所发生的氢化物直接传输到原子化器，这类方法应用得最为广泛。
　　　A. 连续流动法　B. 流动注射法　C. 断续流动法　D. 直接传输法
174. BC017　原子荧光分析中，采用(　　)所获得的信号为峰状信号。
　　　A. 间断法　　　B. 流动注射法　C. 断续流动法　D. 连续流动法
175. BC018　(　　)产生于氢化物形成或形成的氢化物从样品溶液中逸出的过程。
　　　A. 气相干扰　　B. 液相干扰　　C. 固相干扰　　D. 流动相干扰
176. BC018　(　　)是在氢化物传输过程或在原子化器中产生。
　　　A. 气相干扰　　B. 液相干扰　　C. 固相干扰　　D. 流动相干扰
177. BC019　在原子荧光分析中，通过加入(　　)可以达到消除干扰的目的。
　　　A. 缓冲剂　　　B. 共沉淀剂　　C. 络合剂　　　D. 硼氢化钠
178. BC019　硼氢化钠的还原电位强烈依赖于pH值，酸度(　　)时，可被还原的元素较(　　)，引起的干扰比较严重。
　　　A. 高，多　　　B. 低，多　　　C. 高，少　　　D. 低，少
179. BC020　国外某些原子荧光一次最多可测(　　)元素。
　　　A. 3种　　　　B. 6种　　　　C. 9种　　　　D. 12种

180. BC020　与原子吸收法比较,气相干扰中原子荧光法的干扰要(　　)。
    A. 多　　　　　B. 少　　　　　C. 一样　　　　　D. 不一定

181. BC021　(　　)由泵头、泵管、泵卡组成。
    A. 双蠕动泵　　B. 双泵　　　　C. 蠕动泵　　　　D. 注射泵

182. BC021　(　　)由泵体、注射器、直通阀和通信接口构成。
    A. 双蠕动泵　　B. 双泵　　　　C. 蠕动泵　　　　D. 注射泵

183. BC022　(　　)缺点是流量控制误差大,一般性较差。
    A. 质量流量计　　　　　　　　B. 电磁阀控制气路模块
    C. 气液分离系统　　　　　　　D. 氢化物发生与反应系统

184. BC022　(　　)用于对气体的质量流量进行精密测量和控制。
    A. 质量流量计　　　　　　　　B. 电磁阀控制气路模块
    C. 气液分离系统　　　　　　　D. 氢化物发生与反应系统

185. BC023　(　　)光学系统由光源、检测器、摄像头、吸光棉、光学暗室等组成。
    A. 原子荧光分光光度计　　　　B. 原子吸收
    C. 气相色谱　　　　　　　　　D. 液相色谱

186. BC023　光路调节过程中,请注意保护(　　),不要直接用手触摸透镜、光源石英窗等光学零件,以免玷污光学系统,影响光路透射率。
    A. 光学镜片　　B. 石英窗　　　C. 透镜　　　　　D. 摄像头

187. BC024　(　　)随着使用时间的加长,其内壁会附着一层白色沉淀物,所以每隔一段时间需要将其取下,并清洗。
    A. 石英管　　　B. 原子化器　　C. 光源　　　　　D. 石英窗

188. BC024　(　　)是一段盘绕在石英管管口侧面的螺旋状细电阻丝。
    A. 石英管　　　B. 原子化器　　C. 点火炉丝　　　D. 石英窗

189. BC025　日盲光电倍增管的光谱响应范围是(　　)。
    A. 110～220nm　B. 130～250nm　C. 150～280nm　　D. 180～320nm

190. BC025　在 HG-AFS 所测元素的光谱中,(　　)的波长最长。
    A. As　　　　　B. Se　　　　　C. Bi　　　　　　D. Pb

191. BC026　原子荧光中(　　)纯度不小于99.99%。
    A. 氮气　　　　B. 氦气　　　　C. 氩气　　　　　D. 氢气

192. BC026　原子荧光中(　　)含量95%以上。
    A. 氢氧化钠　　B. 盐酸　　　　C. 硼氢化钠　　　D. 硫脲

193. BC027　AFS 的正确开机顺序为(　　)。
    A. 开主机电源、开断续流动(顺序注射)电源、开计算机电源、打开操作软件
    B. 开断续流动(顺序注射)电源、开主机电源、开计算机电源、打开操作软件
    C. 开计算机电源、打开操作软件、开主机电源、开断续流动(顺序注射)电源
    D. 开计算机电源、开主机电源、开断续流动(顺序注射)电源、打开操作软件

194. BC027　仪器及元素灯不应长期放置不用,应每隔(　　)个月开机预热(　　)小时。
    A. 半,一　　　B. 半,半　　　C. 一,一　　　　D. 一,半

195. BC028　氢化物发生—无色散原子荧光仪器要求硼氢化钠的含量在(　　)以上。

A. 85% B. 90% C. 95% D. 98%

196. BC028 (　　)是影响氢化物发生—原子荧光分析测量准确性的重要因素。
 A. 水 B. 酸 C. 硼氢化钠 D. 污染

197. BD001 标准 GB/T 5750.6—2006 中规定生活饮用水及其水源水中的锌可以用(　　)测定。
 A. 石墨炉原子吸收光谱仪 B. 火焰原子吸收光谱仪
 C. 流动注射 D. 原子荧光光谱仪

198. BD001 火焰原子吸收光谱仪测定锌元素时,所有玻璃器皿使用前均须先用(　　)浸泡。
 A. (1+1)硝酸溶液 B. (1+5)硝酸溶液
 C. (1+10)硝酸溶液 D. (1+9)硝酸溶液

199. BD002 标准 GB/T 5750.6—2006 中规定生活饮用水及其水源水中的银用(　　)进行测定。
 A. 火焰原子吸收光谱仪 B. 流动注射
 C. 无火焰原子吸收光谱仪 D. 原子荧光光谱仪

200. BD002 无火焰原子吸收光谱仪测定水中银元素时,若取 20μL 水样测定,则最低检测质量浓度为(　　)。
 A. 25μg/L B. 0.25μg/L C. 5μg/L D. 2.5μg/L

201. BD003 原子荧光法测砷的载流液是(　　)。
 A. (5+95)盐酸溶液 B. (5+95)硝酸溶液
 C. 1/1 盐酸溶液 D. 1/1 硝酸溶液

202. BD003 原子荧光法测砷灯电流应控制在(　　)。
 A. 4.5mA B. 45mA C. 90mA D. 150mA

203. BD004 若取 0.5mL 水样测定,则硒最低检测质量浓度分别为(　　)。
 A. 0.4μg/L B. 0.5μg/L C. 0.7μg/L D. 0.8μg/L

204. BD004 在盐酸介质中以(　　)作还原剂,将硒还原成硒化氢(SeH$_4$)。
 A. 氢氧化钠 B. 硫脲 C. 硼氢化钾 D. 抗坏血酸

205. BD005 采用原子荧光法测定汞时,用于将汞全部转化为 2 价汞的消解体系是(　　)。
 A. 硼氢化钠 B. 重铬酸钾 C. 盐酸羟胺 D. 溴酸钾—溴化钾

206. BD005 原子荧光法测汞的波长为(　　)。
 A. 263.7nm B. 253.7nm C. 145nm D. 160nm

207. BD006 原子荧光法测锑灯电流应控制在(　　)。
 A. 4.5mA B. 45mA C. 90mA D. 75mA

208. BD006 原子荧光法测锑的载流液是(　　)。
 A. (5+95)盐酸溶液 B. (5+95)硝酸溶液
 C. 1:1 盐酸溶液 D. 1:1 硝酸溶液

209. BE001 水质分析质量控制的目的是把分析工作中的(　　)减少到一定的限度,以获得准确可靠的测试结果。
 A. 错误 B. 误差 C. 失误 D. 过失

210. BE001 水质分析质量控制是发现和控制分析过程产生(　　)的来源,用以控制和减小误差的措施。

A. 错误　　　　B. 误差　　　　C. 失误　　　　D. 过失

211. BE002 分析工作中的误差有（　　）。
 A. 2类　　　　B. 3类　　　　C. 4类　　　　D. 5类

212. BE002 系统误差是指由（　　）。
 A. 系统因素影响引起的误差
 B. 随机因素影响引起的误差
 C. 过失行为引起的误差
 D. 错误操作引起的误差

213. BE003 绘制质量控制图时，应逐日分析质量控制样品达（　　）次以上后，计算统计值。
 A. 1　　　　　B. 10　　　　　C. 15　　　　　D. 20

214. BE003 在质量控制图中，如果落于上、下辅助线范围内的点数小于（　　），则表明此图不可靠。
 A. 90%　　　　B. 70%　　　　C. 50%　　　　D. 5个

215. BE004 若样品数量较少时，平行双样法的测定率应该（　　）。
 A. 增加　　　　B. 减少　　　　C. 不变　　　　D. 无法确定

216. BE004 计算平行双样测定过程中的相对偏差时，其结果为（　　）。
 A. 正值　　　　B. 负值　　　　C. 绝对值　　　　D. 无要求

217. BE005 标准曲线相关系数采取（　　）的原则，保留到小数点后出现非9的一位。
 A. 只舍不入　　B. 四舍五入　　C. 四舍六入　　D. 四舍六入五考虑

218. BE005 对于低于测定方法最低检测质量浓度的检测结果，以下描述正确的是（　　）。
 A. 没有　　　　B. <0.005mg/L　　C. 未检出　　　　D. 0mg/L

219. BE006 标准曲线是指（　　）。
 A. 标准溶液处理程序及分析步骤与样品完全相同
 B. 标准溶液处理程序较样品有所烦琐
 C. 标准溶液处理程序较样品有所简略
 D. 标准溶液处理程序与样品相同，分析步骤不同

220. BE006 在制作标准曲线时，标准溶液系列点不得小于（　　），含空白浓度。
 A. 3个　　　　B. 4个　　　　C. 5个　　　　D. 6个

221. BE007 校准曲线的相关系数绝对值一般应大于或等于（　　）。
 A. 0.900　　　B. 0.990　　　C. 0.999　　　D. 1

222. BE007 在绘制氨氮项目校准曲线过程中，使用的比色管应为（　　）。
 A. 不配套的　　B. 崭新的　　　C. 透明的　　　D. 检定合格的

223. BE008 空白值是指测定（　　）所测得的值。
 A. 试剂　　　　B. 标准溶液　　C. 样品　　　　D. 实验用水

224. BE008 空白值测定是为了消除（　　）对样品测定的干扰。
 A. 试剂　　　　B. 标准溶液　　C. 任务因素　　D. 实验用水

225. BE009 物质中各组分的实际含量称为（　　）。
 A. 真实值　　　B. 平均值　　　C. 中位数　　　D. 实测值

226. BE009 对于多次测量的数值,其准确度中测定值应选用(　　)。
    A. 平均值　　　B. 最大值　　　C. 最小值　　　D. 中间值
227. BE010 绝对误差和相对误差的数值(　　)。
    A. 有正负之分　B. 一定是正数　C. 一定是负数　D. 一定是整数
228. BE010 某操作人员检测真值浓度为 28.9mg/L 的 COD 标样,其测量值为 27.1,其相对误差为(　　)。
    A. 6.64%　　　B. -6.64%　　　C. -6.23%　　　D. 6.23%
229. BE011 有一组数字分别是 200、50、100、200,它们的相对标准偏差为(　　)。
    A. 75%　　　　B. 129.9%　　　C. 25%　　　　D. 54.54%
230. BE011 相对标准偏差是(　　)与计算结果平均值的比值。
    A. 标准偏差　　B. 极差　　　　C. 偏差　　　　D. 绝对偏差
231. BE012 检出限为某特定分析方法在给定的置信度内可从样品中检出待测物质的(　　)。
    A. 恒定浓度　　B. 最大浓度　　C. 最小浓度　　D. 以上都不对
232. BE012 色谱法测定检出限,一般为基线噪声的(　　)倍。
    A. 1　　　　　B. 2　　　　　C. 3　　　　　D. 4
233. BE013 测定加标回收率时,加标量一般为样品含量的(　　)倍,且加标后的总浓度不应超过方法的测定上限浓度值。
    A. 0.1~0.5　　B. 0.5~2　　　C. 2~5　　　　D. 5~10
234. BE013 通过干扰试验,检验实际样品中可能存在的共存物是否对测定有干扰,了解共存物的(　　)允许浓度。
    A. 常规　　　　B. 最小　　　　C. 最大　　　　D. 限定
235. BE014 几个数值相乘除时,小数点后的保留位数应以(　　)。
    A. 小数点后位数最多的确定　　　B. 小数点后位数最少的确定
    C. 小数点后位数的平均值确定　　D. 无一定要求
236. BE014 数字 0.21040 是(　　)有效数字。
    A. 4 位　　　　B. 5 位　　　　C. 6 位　　　　D. 3 位
237. BF001 耗氯量包括所有能与氯气反应消耗的氯量和(　　)的总和。
    A. 二氧化氯　　B. 氯酸钠　　　C. 亚氯酸钠　　D. 水中游离余氯量
238. BF001 关于耗氯量说法错误的是(　　)。
    A. 需氯量并非一固定值　　　　　B. 水中能消耗氯的物质很多
    C. 水源水加氯后直接测定　　　　D. 耗氯量并非指水中游离余氯量
239. BF002 当颗粒的密度等于液体的密度,该颗粒会(　　)。
    A. 悬浮　　　　B. 漂浮　　　　C. 上浮　　　　D. 下沉
240. BF002 混凝剂的加入量,以出水的(　　)值为依据。
    A. 色度　　　　B. 浑浊度　　　C. 细菌总数　　D. 铁含量

二、多项选择题(每题有 4 个选项,至少有 2 个是正确的,将正确的选项填入括号内)

1. AA001 藻类生长影响水质的(　　)。
    A. 浑浊度　　　B. 色度　　　　C. 臭和味　　　D. 压力
2. AA002 引起管道污染的原因有(　　)。

A. 管道穿孔　　B. 流速增高　　C. 失压　　　　D. 停水

3. AA003　加强用户内部用水设施的监督管理,保证管网水质不受二次污染的措施有(　　)。
   A. 定期清洗储水设施　　　　　　B. 严禁串接分质水
   C. 必须二次处理　　　　　　　　D. 定期检验水质

4. AA004　管道的衬里包括(　　)。
   A. 水泥砂浆衬里　　　　　　　　B. 环氧树脂涂衬法
   C. 内衬软管法　　　　　　　　　D. 塑料衬里

5. AA005　按划定的水源保护区,应设立(　　)。
   A. 警示标志　　B. 地理界标　　C. 围墙　　　　D. 标语

6. AA006　地下水质量评价采用(　　)。
   A. 类别评价　　B. 单因子评价　C. 综合评价　　D. 单项组分评价

7. AA007　属于氯气与水结合生成的产物的是(　　)。
   A. 次氯酸　　　B. 亚氯酸盐　　C. 盐酸　　　　D. 氯酸盐

8. AA008　现场制备高纯二氧化氯的主要原料是(　　)。
   A. 亚氯酸钠　　B. 氯气　　　　C. 盐酸　　　　D. 氯胺

9. AA009　氯胺消毒,起主要作用的是(　　)。
   A. 一氯胺　　　B. 二氯胺　　　C. 氯气　　　　D. 氨气

10. AA010　臭氧的性质是(　　)。
    A. 常温下易分解　B. 蓝色气体　C. 极不稳定　　D. 氧化能力极强

11. AA011　二氧化氯消毒产生的副产物是(　　)。
    A. 三氯甲烷　　B. 亚氯酸盐　　C. 氯酸盐　　　D. 卤乙酸

12. AA012　多孔膜主要用于(　　)。
    A. 纳滤　　　　B. 超滤　　　　C. 反渗透　　　D. 微滤

13. AA013　膜分离的性能可根据膜的(　　)来评价。
    A. 悬浮物　　　B. 孔径　　　　C. 截留分子量　D. 有机物

14. AA014　料液不同组分的膜分离的过程有(　　)。
    A. 分离　　　　B. 纯化　　　　C. 浓缩　　　　D. 架桥截留

15. AA015　超滤膜一般不采用(　　)。
    A. 对称膜　　　B. 非对称膜　　C. 多孔膜　　　D. 复合膜

16. AA016　超滤膜对(　　)的截留效果可以达到99%。
    A. 贾第鞭毛虫　B. 隐孢子虫　　C. 大肠杆菌　　D. 细菌

17. AA017　臭氧—生物活性炭深度水处理技术主要目的是去除(　　)。
    A. 有机污染物　B. 藻类　　　　C. 无机离子　　D. 氯消毒副产物的前体物

18. AA018　活性炭性能表述正确的是(　　)。
    A. 一般以物理吸附为主　　　　　B. 表面积高达1200~1300m^2
    C. 很少检测出很高的菌落计数　　D. 吸附是可逆的

19. AA019　活性炭的吸附量与(　　)有关。
    A. 孔隙大小　　B. 孔隙结构　　C. 比表面积的匹配　D. 孔隙容积

20. AA020　活性炭再生的优点是(　　)。
　　　A. 可重复利用　　　　　　　　B. 节约费用
　　　C. 不破坏活性炭原有结构　　　D. 吸附性更强
21. AA021　生活污水预处理的构筑物是(　　)。
　　　A. 沉砂池　　B. 网格絮凝池　　C. 曝气生物滤池　　D. 沉淀池
22. AA022　污水的生化处理常用(　　)。
　　　A. 反渗透　　B. 臭氧氧化　　C. 絮凝法　　D. 生物法
23. AA023　经过二级处理后的污水进行(　　)。
　　　A. 脱氮处理　　B. 脱磷处理　　C. 生物处理　　D. 消毒处理
24. AA024　离子交换软化水处理可去除下列水中(　　)。
　　　A. Ca^{2+}　　B. Mg^{2+}　　C. HCO_3^-　　D. SO_4^{2-}
25. AA025　碳钢在冷却水中的腐蚀形态可分两大类,有(　　),循环水场的水质处理工作任务之一就是避免设备局部腐蚀。
　　　A. 均匀腐蚀　　B. 局部腐蚀　　C. 全面腐蚀　　D. 部分腐蚀
26. AA026　水污染物治理技术有(　　)。
　　　A. 含硫含氨酸性水汽提技术
　　　B. 碱渣湿式空气氧化技术
　　　C. 含油污水两级隔油、两级浮选处理技术
　　　D. 污水储罐呼吸气治理技术
27. AA027　饮用天然矿泉水含有一定量的(　　)。
　　　A. 无机盐　　B. 二氧化硫　　C. 矿物盐　　D. 微量元素
28. AA028　直接从事供、管水的人员,上岗条件为(　　)。
　　　A. 每年经健康体检　　　　　　B. 体检合格
　　　C. 无有碍饮水卫生的疾病　　　D. 无伤残
29. AA029　二次供水设施是指饮用水经(　　)等方式来保证正常供水的设备及管线。
　　　A. 储存　　B. 过滤　　C. 处理　　D. 输送
30. AA030　涉及饮用水卫生安全的产品经验收合格后方可入库待用,并按(　　)储存于原料库。
　　　A. 先后　　B. 品种　　C. 批次　　D. 分类
31. AB001　计算机的总线有(　　)。
　　　A. 地址总线　　B. 通信总线　　C. 数据总线　　D. 控制总线
32. AB002　以下不属于电子邮件应用程序实现SMTP的主要目的是(　　)。
　　　A. 创建邮件　　B. 管理邮件　　C. 发送邮件　　D. 接收邮件
33. AB003　下面关于超文本的叙述中,正确的是(　　)。
　　　A. 超文本是由结点和链路组成一个网络
　　　B. 超文本是一种信息管理技术,也是一种电子文献形式
　　　C. 多媒体超文本也可以认为是超文本
　　　D. 超文本采用非线性的网络结构来组织信息
34. AB004　在Word编辑状态下,操作的对象经常是被选择的内容,若鼠标在某行行首的

左边,下列操作无法选择光标所在行的是( )。
   A. 单击鼠标左键　　　　　　B. 将鼠标左键击三下
   C. 双击鼠标右键　　　　　　D. 单击鼠标右键

35. AB005　在 Excel 中,对于上下相邻两个含有数值的单元格用拖曳法向下做自动填充,默认的填充规则不是( )。
   A. 等比序列　　B. 等差序列　　C. 自定义序列　　D. 日期序列

36. AB006　PowerPoint 工具栏中字体处理的按钮中有两个菜单中没有对应选项,它们是( )。
   A. 减少字号　　B. 设置字体　　C. 设置字号　　D. 增大字号

37. AB007　基本的病毒类型按照其感染计算机的区域可定义为( )。
   A. 引导型病毒　B. 程序型病毒　C. 宏病毒　　　D. 逻辑炸弹病毒

38. BA001　范第姆特方程式主要说明( )。
   A. 板高的概念　　　　　　　B. 色谱分离操作条件的选择
   C. 柱效降低的影响因素　　　D. 组分在两相间分配情况

39. BA002　气相色谱仪气路系统的检检漏包括( )。
   A. 钢瓶至减压阀间的检漏
   B. 气化室密封圈的检漏
   C. 气源至色谱柱之间的检漏
   D. 气化室至检测器出口间的检漏

40. BA003　提高载气流速则会使( )。
   A. 保留时间增加　　　　　　B. 组分间分离变差
   C. 峰宽变小　　　　　　　　D. 柱容量下降

41. BA004　高效液相色谱仪与气相色谱仪比较增加了( )。
   A. 储液器　　B. 恒温器　　C. 高压泵　　D. 程序升温

42. BA005　以下属于高效液相色谱仪主要部件的是( )。
   A. 输液泵　　B. 色谱柱　　C. 检测器　　D. 原子化器

43. BA006　高效液相色谱仪高压泵的要求包括( )。
   A. 输出流量稳定,重复性高　　B. 在高压下连续工作
   C. 耐化学腐蚀　　　　　　　　D. 输出流量范围宽

44. BA007　HPLC 对进样器的要求是在进样过程中,对于柱上的( )不应产生影响。
   A. 流量　　B. 压力　　C. 温度　　D. 流速

45. BA008　HPLC 检测器对待测组分敏感,不受( )变化的影响。
   A. 温度　　B. 柱压　　C. 固定相　　D. 流动相流速

46. BA009　有机物中氮的定量方法有( )。
   A. 凯氏法　　　　　　　　　B. 杜马法
   C. 气相色谱中热导检测器法　D. 重量法

47. BA010　梯度洗脱技术可以( )。
   A. 提高组分分离度　　　　　B. 延长分析时间
   C. 缩短分析时间　　　　　　D. 改变组分洗脱顺序

48. BA011　在反向键合液相色谱法中,流动相可选用(　　)。
　　A. 三氯甲烷　　B. 二氯甲烷　　C. 甲醇　　D. 乙醇
49. BA012　按照分离的规模及柱子的几何参数,高效液相色谱柱可分为(　　)三种类型。
　　A. 制备柱　　B. 分析柱　　C. 微型柱　　D. 离子交换柱
50. BA013　衡量色谱柱柱效能的指标是(　　)。
　　A. 塔板高度　　B. 分离度　　C. 塔板数　　D. 分配系数
51. BA014　下列饮用水指标中,不需要对样品进行前处理富集的是(　　)。
　　A. 浊度　　B. 氟化物　　C. 石油类　　D. 铁
52. BA015　固相萃取过程中,需要考虑的是(　　)。
　　A. 目标化合物在极性或非极性溶剂中的溶解度
　　B. 目标化合物有无可能离子化
　　C. 目标化合物有无可能与吸附剂形成共价键
　　D. 目标化合物的温度
53. BA016　萃取效率与(　　)有关。
　　A. 分配比　　B. 分配系数　　C. 萃取次数　　D. 浓度
54. BA017　固相萃取操作一般有(　　)。
　　A. 活化　　B. 上样　　C. 淋洗　　D. 洗脱
55. BA018　柱前衍生法的优点有(　　)。
　　A. 相对自由的选择反应条件
　　B. 衍生化的副产物可进行预处理以降低或消除其干扰
　　C. 有较多的衍生化试剂可供选择
　　D. 形成的副产物可能对色谱分离造成困难
56. BA019　以下项目中,可以利用柱后衍生技术进行检测的是(　　)。
　　A. 呋喃丹　　B. 微囊藻毒素　　C. 有机磷　　D. 草甘膦
57. BB001　相对质量校正因子与下列因素有关的是(　　)。
　　A. 组分　　B. 固定相　　C. 标准物质　　D. 检测器类型
58. BB002　水中苯系物经二硫化碳萃取后,用硫酸—磷酸混合溶液去除(　　)等干扰物质。
　　A. 烃　　B. 醇　　C. 酯　　D. 醚
59. BB003　有机氯农药残留量的测定方法主要有(　　)。
　　A. 气相色谱法　　B. 容量分析法　　C. 薄层色谱法　　D. 原子吸收法
60. BB004　各种类型的离子交换剂都是通过其功能基所结合的离子与外界同电荷的其他离子间发生(　　)作用达到分离物质的目的。
　　A. 取代　　B. 络合　　C. 吸附　　D. 上述都是
61. BB005　利用离子色谱法测定氯化物时,可以同时进行检测的项目有(　　)。
　　A. 钙　　B. 锂　　C. 氟化物　　D. 硫酸盐
62. BB006　离子色谱法测定硝酸盐时,不同浓度的离子同时分析时相互干扰,可采用(　　)方法消除干扰。
　　A. 水样预浓缩

B. 梯度淋洗
C. 流出组分收集后重新分析
D. 上述都无法满足

63. BB007 下列消毒剂中,不需要由亚氯酸盐反应产生的是( )。
    A. 臭氧　　　　B. 二氧化氯　　C. 氯气　　　　D. 以上都是
64. BB008 利用离子色谱法测定氯酸盐时,可以同时进行检测的项目有( )。
    A. 镁　　　　　B. 锂　　　　　C. 磷酸盐　　　D. 硫酸盐
65. BB009 用于碱金属和铵离子分离用的离子色谱淋洗液主要有( )。
    A. 硝酸　　　　B. 盐酸　　　　C. 高氯酸　　　D. 氢氟酸
66. BB010 为提高溴酸盐的检测效果,可以采取( )。
    A. 提高流速　　B. 梯度淋洗　　C. 降低进样量　D. 增大进样量
67. BB011 在测定微囊藻毒素时,样品前处理包括( )。
    A. 微波消解　　B. 水样富集　　C. 酸化　　　　D. 滤膜冻融
68. BB012 测定水中苯酚类化合物的含量,可以使用( )。
    A. 液相色谱法　B. 离子色谱法　C. 气相色谱法　D. 原子荧光法
69. BB013 邻苯二甲酸酯对人体和动物体的危害在于( )。
    A. 干扰内分泌
    B. 离子色谱法使男子精液量和精子数量减少
    C. 使精子运动能力低下,精子形态异常
    D. 严重的会导致睾丸癌
70. BB014 在检测呋喃丹的过程中,需要使用( )。
    A. 液相色谱仪　　　　　　　　B. 原子吸收分光光度计
    C. 吹扫捕集仪　　　　　　　　D. 柱后衍生仪
71. BC001 ICP—MS 的优点有( )。
    A. 多元素快速分析　　　　　　B. 动态线性范围宽
    C. 检出限高　　　　　　　　　D. 可进行同位素分析
72. BC002 下列属于 ICP—MS 应用的有( )。
    A. ICP—MS 在环境样品分析中的应用
    B. ICP—MS 与其他技术的联用
    C. ICP—MS 在生命科学研究中的应用
    D. 理论研究
73. BC003 下列属于原子吸收光谱法特点的有( )。
    A. 灵敏度高　　B. 准确度高　　C. 选择性好　　D. 应用范围广
74. BC004 下列属于原子吸收光谱分析中常用的定量方法有( )。
    A. 标准曲线法　B. 标准加入法　C. 比率分析法　D. 相互对比法
75. BC005 以下属于原子吸收光谱仪的组成部分有( )。
    A. 光源　　　　B. 原子化系统　C. 单色器　　　D. 检测器
76. BC006 原子吸收光谱分析广泛应用的领域有( )。
    A. 理论研究　　B. 元素分析　　C. 有机物分析　D. 金属化学形态分析

77. BC007 在原子吸收光谱仪仪器操作前应( )。
   A. 仔细阅读安全须知
   B. 确保仪器所使用气体压力稳定
   C. 清洗进样管路
   D. 打开工作区排风系统

78. BC008 使用石墨炉原子吸收光谱仪的注意事项有( )。
   A. 石墨炉光谱仪上应有表面高温警示
   B. 石墨炉光谱仪上应有强磁场辐射警示
   C. 原子化器工作时,带有心脏起搏器的人员不能靠近石墨炉原子吸收光谱仪
   D. 原子化器工作时,实验人员应注意和石墨炉保持 0.6m 的距离

79. BC009 原子荧光光谱法技术具有( )的特点,是一种优良的痕量分析技术。
   A. 分析灵敏度高   B. 干扰少
   C. 线性范围宽   D. 能进行多元素同时分析

80. BC010 共振荧光的特点是激发线与荧光线的( )。
   A. 高低能级相同
   B. 强度最大
   C. 在分析中应用最广
   D. 它们的波长范围均在近紫外到近红外区(180~1000nm)

81. BC011 随着原子浓度的增加,由于( )等因素的影响变得不可忽略,使工作曲线出现弯曲。
   A. 谱线展宽效应 B. 自吸   C. 加入有机试剂   D. 散射

82. BC012 下列属于荧光猝灭类型的是( )。
   A. 与自由原子碰撞   B. 与分子碰撞
   C. 与电子碰撞   D. 与离子碰撞

83. BC013 摩尔吸光系数很大,则表明( )。
   A. 该物质的浓度很大
   B. 光通过该物质溶液的光程长
   C. 该物质对某波长的光吸收能力很强
   D. 测定该物质的方法的灵敏度高

84. BC014 ( )属于氰化物发生方法。
   A. 金属—酸还原体系   B. 硼氢化钠—酸还原体系
   C. 碱性模式还原   D. 电解还原

85. BC015 金属—酸还原体系中,主要存在的难以克服的缺点为( )。
   A. 能发生氢化物的元素较少
   B. 干扰较为严重
   C. 包括预还原在内的时间较长,难以实现自动化
   D. 价格昂贵

86. BC016 硼氢化钠—酸体系与金属—酸还原体系相比,主要优点在于( )。
   A. 还原能力强   B. 反应速度快   C. 可实现自动化   D. 适用元素数量多

87. BC017　下列氢化物发生方法属于直接输送法的是（　　）。
   A. 间断法　　　　B. 连续流动法　　C. 流动注射法　　D. 压力法
88. BC018　在原子荧光分析中，（　　）属于气相干扰。
   A. 发生动力学干扰　　　　　　　B. 传输效率干扰
   C. 传输动力学干扰　　　　　　　D. 发生效率干扰
89. BC019　克服气相干扰总的指导思想是（　　）。
   A. 尽量不让干扰元素产生氢化物
   B. 在传输过程中应减少干扰元素氢化物的传输速率，使其与被测干扰元素分离
   C. 进入原子化器时，应充分地供给初生态氢（或提高温度），以保证被测元素的原子化不受干扰元素的影响，同时应防止原子浓度的衰减
   D. 扣除背景
90. BC020　关于原子荧光法（AFS）和原子吸收法（AAS），下列描述正确的是（　　）。
   A. AFS 光路简单，AAS 光路复杂
   B. AFS 的石英炉对原子化过程影响较小，AAS 的影响大
   C. AFS 可进行多元素同时分析，AAS 依次只能测定一个元素
   D. 两者的测量精度基本接近
91. BC021　蠕动泵由（　　）组成。
   A. 泵头　　　　B. 泵管　　　　C. 泵卡　　　　D. 增设采样环
92. BC022　电磁阀控制气路模块的缺点是（　　）。
   A. 流量控制误差大，一般性较差
   B. 气体流量不能连续调节
   C. 不能反馈控制，无法实时监控气体流量
   D. 都不包括
93. BC023　原子荧光分光光度计光学系统由（　　）、吸光棉、光学暗室等组成。
   A. 光源　　　　B. 检测器　　　　C. 摄像头　　　　D. 光斑
94. BC024　原子化器须具有下列特点（　　）。
   A. 原子化效率高　　　　　　　　B. 没有物理或化学干扰
   C. 在测量波长处具有较低的背景辐射　　D. 载气的选择
95. BC025　检测器分为（　　）。
   A. 光电倍增管　　B. 紫外线　　　C. 紫外光电池　　D. 荧光
96. BC026　氢化物发生—原子荧光仪器的工作环境条件有（　　）。
   A. 工作温度　　B. 湿度　　　　C. 电源　　　　D. 压力
97. BC027　原子荧光仪器的日常维护，下列描述正确的是（　　）。
   A. 仪器周围不能放置酸碱等化学物品
   B. 使用一段时间后的泵管应该全部废弃，防止影响精度
   C. 氧化反应时应避免液体及气泡喷出一级气液分离器的上部出口
   D. 原子化器的石英炉芯如被污染，应及时正确清洗
98. BC028　污染是影响氢化物发生—原子荧光分析测量准确性的重要因素，主要的污染有（　　）。

A. 容器污染　　　B. 试剂污染　　　C. 环境污染　　　D. 仪器使用中产生的污染

99. BD001　火焰原子吸收光谱仪测定锌元素时,使用器皿的要求(　　)。

　　A. 玻璃器皿直接用纯水清洗就可以使用

　　B. 所有玻璃器皿使用前均须先用(1+9)硝酸溶液浸泡

　　C. 测定锌所用的器皿,更应严格防止与含锌的水(自来水)接触

　　D. 所有玻璃器皿使用前均须先用(1+1)硝酸溶液浸泡

100. BD002　无火焰原子吸收光谱仪测定银元素时,下列对样品前处理的要求不正确的是(　　)。

　　A. 澄清水样可以直接进行测定

　　B. 悬浮物较多的水样,分析前需酸化并消化有机物

　　C. 悬浮物较多的水样,过滤后直接测定

　　D. 若需测定溶解的金属,则应在采样时将水样通过滤纸过滤,再酸化

101. BD003　原子荧光法分析砷,适用于(　　)。

　　A. 工业废水　　　B. 生活饮用水　　　C. 水源水　　　D. 污水

102. BD004　下列说法正确的是(　　)。

　　A. 测定工业废水中的硒,采集样品后应加酸保存

　　B. 微量硒是生物体所必需的营养元素,过量的硒能引起中毒

　　C. 常使用原子荧光法测定硒

　　D. 以上都不正确

103. BD005　配制汞标准储备液时,需向标准溶液中加入(　　)定容至刻度。

　　A. 0.5 mL 盐酸　　　　　　　　　B. 0.5g 重铬酸钾

　　C. 5%的盐酸　　　　　　　　　　D. 1.0mL 硝酸

104. BD006　配制锑标准溶液时,需向标准系列中加入(　　)。

　　A. 0.5 mL 盐酸　　　　　　　　　B. 1.0mL 硫脲—抗坏血酸溶液

　　C. 1.0mL 硫脲溶液　　　　　　　D. 1.0mL 硝酸

105. BE001　不违背检验工作的规定的选项是(　　)。

　　A. 在分析过程中经常发生异常现象属于正常情况

　　B. 分析检验结论不合格时,应第二次取样复检

　　C. 分析的样品必须按规定保留一份

　　D. 所用的仪器、药品和溶液必须符合标准规定。

106. BE002　在质量控制过程中,改变测量条件后,对同一被测量的测量结果之间的一致性称为(　　)。

　　A. 重复性　　　B. 再现性　　　C. 准确性　　　D. 精密性

107. BE003　以下属于质量控制图组成的是(　　)。

　　A. 下画线　　　B. 中心线　　　C. 上警戒线　　　D. 下辅助线

108. BE004　实验室质量控制按照内控(含分析人员自控、他控)、外控进行控制,从(　　)、现场采样、数据记录、报告等方面严把质控关。

A. 检测人员　　　B. 仪器设备　　　C. 密码表样测定　　　D. 实验室分析

109. BE005　测定化学需氧量时,多次测量分别为35.2mg/L、34.8mg/L,相对偏差表示错误的是(　　)。

　　A. 1.1%　　　B. 1.1　　　C. 0.1　　　D. 1

110. BE006　配置标准曲线过程中,使用的基准物质应具备(　　)的特点。

　　A. 稳定　　　　　　　　　　B. 必须具有足够的纯度
　　C. 易溶解　　　　　　　　　D. 最好具有较大的摩尔质量

111. BE007　回归校准曲线统计检验包括(　　)。

　　A. 精密度　　　B. 准确度　　　C. 截距　　　D. 斜率

112. BE008　影响空白值的因素包括(　　)。

　　A. 标准溶液配制的准确性　　B. 实验用水质量
　　C. 器皿洁净程度　　　　　　D. 环境条件

113. BE009　在实际工作中,人们把(　　)作为参考标准,用来校准(　　),评价(　　)等。

　　A. 标准物质　　B. 标准未知样　　C. 测量仪器　　D. 测量方法

114. BE010　下列误差属于系统误差的是(　　)。

　　A. 蒸馏水含有杂质　　　　　B. 滴定终点颜色偏深
　　C. 称量读错砝码　　　　　　D. 滴定管未校准

115. BE011　下列表述正确的是(　　)。

　　A. 相对标准偏差越小,说明精密度越高
　　B. 相对标准偏差越大,说明精密度越高
　　C. 精密度是指在相同条件下 n 次重复测定结果彼此相符合的程度
　　D. 相对标准偏差是个百分数

116. BE012　检出限一般有(　　)。

　　A. 仪器检出限　　B. 方法检出限　　C. 过程检出限　　D. 结果检出限

117. BE013　检验准确度的方法有(　　)。

　　A. 使用标准物质进行分析测定
　　B. 测定加标回收率
　　C. 对同一样品用不同原理的分析方法测试比对
　　D. 测定精密度

118. BE014　按四舍六入五成双规则,下列数字不能修约为0.1736的是(　　)。

　　A. 0.17364　　　B. 0.173657　　　C. 0.17366　　　D. 0.173661

119. BF001　水的需氯量并非是一固定值,影响其变化的因素有(　　)。

　　A. 水温　　　B. 接触时间　　　C. pH值　　　D. 工艺

120. BF002　混凝试验时,应注意(　　)。

　　A. 启动搅拌器　　　　　　　B. 观察水样中矾花生成情况
　　C. 停止搅拌后静止15min　　 D. 穿戴劳保用品

三、判断题(对的画"√",错的画"×")

(　) 1. AA001　饮用水用氯消毒后,可以杀死水中及管道中的所有的细菌和藻类。

(　) 2. AA002　供水管道埋于地下后,就不可能受到污染。

( ) 3. AA003　当采用分质供水时,两套供水管网可连通。
( ) 4. AA004　加强对供水管线的巡查,及时修复漏损管线。
( ) 5. AA005　水源保护区应砌围墙。
( ) 6. AA006　地表水环境质量评价结果应说明水质达标情况。
( ) 7. AA007　氯瓶在运输与储存过程中,应避免碰撞和暴晒。
( ) 8. AA008　制备二氧化氯消毒剂的原料是次氯酸钠和盐酸。
( ) 9. AA009　氯胺消毒的副产物是三氯甲烷。
( ) 10. AA010　臭氧极其稳定不易分解。
( ) 11. AA011　氯气消毒产生的副产物是亚氯酸盐。
( ) 12. AA012　致密膜主要用于超滤和微滤。
( ) 13. AA013　超滤膜主要用于饮用水处理以及海水淡化的预处理。
( ) 14. AA014　膜的分离,就是利用膜的筛分作用,将不同大小的物质分离。
( ) 15. AA015　超滤膜可以杀死细菌。
( ) 16. AA016　超滤膜不能去除比膜孔尺寸小的病原体。
( ) 17. AA017　臭氧氧化是将水中有机物去除。
( ) 18. AA018　活性炭是一种非极性吸附剂,对水中非极性、弱极性有机物质有很好的吸附能力。
( ) 19. AA019　活性炭的吸附效果与活性炭颗粒大小、形状、被吸附物质溶液的浓度及温度等有关。
( ) 20. AA020　活性炭再生的目的是恢复活性炭的吸附活性。
( ) 21. AA021　污水的一级处理可以达到排放标准。
( ) 22. AA022　污水的二级处理主要是进行沉淀处理。
( ) 23. AA023　经过反硝化生物处理可进一步降解有机物。
( ) 24. AA024　离子交换水处理是通过离子交换剂,除去水中呈离子态杂质的水处理方法。
( ) 25. AA025　不锈钢在冷却水中会发生孔蚀和应力腐蚀。
( ) 26. AA026　催化裂化再生尾气一氧化碳锅炉能量回收技术,消除了催化裂化尾气中一氧化碳、烃类对大气的污染。
( ) 27. AA027　饮用天然矿泉水含有一定量的矿物盐、微量元素或其他成分。
( ) 28. AA028　只要身体健康可直接从事供、管水。
( ) 29. AA029　二次供水设施不得与市政供水管道直接连通。
( ) 30. AA030　集中式供水单位要验收涉水产品,合格后方可入库分类储存。
( ) 31. AB001　组成计算机的CPU的两大部件是运算器和内存。
( ) 32. AB002　计算机网络的目标是实现数据处理。
( ) 33. AB003　Windows 操作系统是多用户多任务系统。
( ) 34. AB004　在 Word 编辑状态下,若要调整左右边界,利用格式栏更直接、快捷。
( ) 35. AB005　新建的 Excel 文本中默认的有 3 张工作表。
( ) 36. AB006　在幻灯片浏览视图选定多张幻灯片应按下 Tab 键。

( ) 37. AB007　计算机病毒的特点之一就是潜伏性。
( ) 38. BA001　溶入固定相的组分分子,由于进入固定相的深度不同,处于表面的分子较快地进入流动相,处于内部的分子则较晚地进入流动相,从而使组分分子离开色谱柱的时间产生差异,使谱带扩展。
( ) 39. BA002　影响热导池灵敏度的主要因素有桥电流、载气性质、池体温度、热敏元件材料及性质。
( ) 40. BA003　高压气瓶外壳颜色不同,代表内装不同气体,其中白色为乙炔气、黑色为氮气、天蓝色为氢气、深绿色为氧气。
( ) 41. BA004　高效液相色谱柱柱效高,但却是一次性的。
( ) 42. BA005　高效液相色谱的储液罐放置位置要低于泵体。
( ) 43. BA006　高效液相色谱中,机械泵多用于恒流输送。
( ) 44. BA007　HPLC 要求在进样过程中,对于柱上的压力和流量不应产生影响。
( ) 45. BA008　荧光检测器所检测的荧光光谱,实际上指荧光激发光谱。
( ) 46. BA009　通常离解常数 $pK>7$ 的阴、阳离子的检测采用电导检测器。
( ) 47. BA010　在一个分析周期中,色谱柱箱的温度保持不变的叫等度洗脱。
( ) 48. BA011　用液相色谱分析样品时,所有仪器参数都是固定不变的。
( ) 49. BA012　色谱柱是进行液相色谱分离的核心部位。
( ) 50. BA013　HPLC 色谱柱常采用零死体积和小死体积结构。
( ) 51. BA014　回收率是衡量样品前处理技术的重要指标。
( ) 52. BA015　固相萃取操作中,洗脱的目的是除去小柱内的杂质并创造一定的溶剂环境。
( ) 53. BA016　在萃取剂的用量相同的情况下,少量多次萃取的方式比一次萃取的方式萃取率要低得多。
( ) 54. BA017　固相萃取与传统的液—液萃取法相比较可以提高分析物的回收率,更能有效地将分析物与干扰组分分离,减少样品预处理过程,操作简单、省时、省力。
( ) 55. BA018　柱后衍生化由于增加衍生反应步骤而给色谱分离带来困难。
( ) 56. BA019　利用衍生技术检测水中呋喃丹时,需要使用荧光检测器。
( ) 57. BB001　有机物的折光系数随温度的升高而减少。
( ) 58. BB002　测定苯系物通常选用氢火焰离子化检测器。
( ) 59. BB003　浓缩石油醚萃取液的水浴温度为 100℃。
( ) 60. BB004　离子色谱是以相对保留时间进行定性。
( ) 61. BB005　利用离子色谱法检测氯化物时,使用的是电导检测器。
( ) 62. BB006　离子色谱法测定硫酸盐时,如果样品硬度高,可先经过阴离子交换树脂柱。
( ) 63. BB007　亚氯酸盐属于臭氧消毒过程中引入的消毒副产物。
( ) 64. BB008　氯酸盐和盐酸反应可以生成二氧化氯。
( ) 65. BB009　生活饮用水 106 项的检测指标包括水中锂含量的测定。
( ) 66. BB010　在测定溴酸盐时,可以通过增大进样量来改善响应值低的问题。

( ) 67. BB011　检测饮用水中微囊藻毒素的含量时,必须对样品富集浓缩处理后再进行检测。

( ) 68. BB012　测定酚类化合物时,因为其具有荧光效应,所以可以使用荧光检测器进行检测。

( ) 69. BB013　在测定邻苯二甲酸酯类时,最先从色谱柱中流出的物质是最难溶解或吸附的组分。

( ) 70. BB014　之所以用荧光检测器分析呋喃丹,是因为呋喃丹本身具有荧光效应。

( ) 71. BC001　ICP-MS 是一种以电感耦合等离子体作为离子源,以质谱进行检测的无机多元素分析的技术。

( ) 72. BC002　ICP-MS 技术的出现,可以高效快速的同时测定多种金属。

( ) 73. BC003　原子吸收光谱法原则上可以测定所有元素。

( ) 74. BC004　郎伯—比尔定律是指通过测量辐射光源的吸收程度,定量确定分析物的含量。

( ) 75. BC005　光源是原子吸收光谱仪中最重要和最关键的部件。

( ) 76. BC006　通过气相色谱和液体色谱分离然后以原子吸收光谱加以测定,可以分析同种金属元素的不同有机化合物。

( ) 77. BC007　氮氧化物—乙炔火焰是原子吸收测定中最常用的火焰。

( ) 78. BC008　石墨炉原子吸收光谱仪的石墨管可以一直使用,不用进行更换。

( ) 79. BC009　20 世纪 70 年代末期,由于高强度空心阴极灯、激光器及各种高效原子化器的使用,原子荧光光谱法技术又得到了较大发展。

( ) 80. BC010　当激发辐射的波长与产生的荧光波长相同时,称为共振荧光。

( ) 81. BC011　随着待测样品中待测原子浓度的增加,不会使工作曲线出现弯曲。

( ) 82. BC012　荧光量子效率这一参量是发射荧光光子数与吸收激发光源光子数的比。

( ) 83. BC013　通过无限制增加光源辐射强度来改善原子荧光的检出限是可能的。

( ) 84. BC014　氢化物发生法不能进行价态分析。

( ) 85. BC015　利用金属—酸还原体系能生成的氢化物元素较多。

( ) 86. BC016　当 pH 值等于 0 时,硼氢化钠与酸反应生成氢气仅需 $4.3\mu s$。

( ) 87. BC017　原子荧光分析中,采用流动注射法所获得的信号为连续信号。

( ) 88. BC018　液相干扰是在氢化物传输过程或在原子化器中产生。

( ) 89. BC019　气相干扰是由于挥发的氢化物引起的,一般是指可形成氢化物元素之间在传输及原子化过程中的相互干扰。

( ) 90. BC020　原子荧光法无色散系统光路简单,光路短,因而光损失少。

( ) 91. BC021　气液分离系统采用两级气液分离装置,气液分离更加高效彻底。

( ) 92. BC022　电磁阀控制气路模块的特点是结构简单,成本高。

( ) 93. BC023　光电倍增管在工作状态下,应避免强紫外光长时间照射,否则会发生光电倍增管疲劳效应,影响其使用灵敏度和使用寿命。

( ) 94. BC024　石英管随着使用时间的加长,其内壁会附着一层白色沉淀物,所以每隔一段时间需要将其取下,并清洗。

( ) 95. BC025　主放大器电路由一个射极跟随器组成。
( ) 96. BC026　温度、湿度是影响氢化反应的重要因素。
( ) 97. BC027　在使用泵管的时候,要注意泵管压力的松紧程度是否合适,这可用有色溶液进行实验,调节顶块螺丝可以调节压力大小。
( ) 98. BC028　原子荧光光度计是用来进行痕量分析的仪器,如果进行了含量很高的样品测试,则势必会造成仪器的污染。
( ) 99. BD001　GB/T 5750.6—2006中规定生活饮用水及其水源水中的锌用火焰原子吸收光谱仪进行测定。
( ) 100. BD002　用无火焰原子吸收光谱仪测定银元素时,水中的共存离子一般不产生干扰。
( ) 101. BD003　原子荧光法测砷,只需在水样中加入硫脲—抗坏血酸混合液。
( ) 102. BD004　原子荧光法测硒时,应尽量采用硫酸作介质。
( ) 103. BD005　分析纯的盐酸和硝酸一般均含有较高浓度的汞。
( ) 104. BD006　取10mL水样测定,则锑最低检测质量浓度为$0.5\mu g/L$。
( ) 105. BE001　分析质量控制本身可以减小分析过程中产生的误差。
( ) 106. BE002　过失行为引起的误差不属于分析误差。
( ) 107. BE003　在日常分析时,质量控制样品与被测样品同时进行分析,然后将质量控制样品测试结果标于质量控制图中,判断分析过程是否处于控制状态。
( ) 108. BE004　每批测试样品随机抽取10%~20%的样品进行平行双样测定。若样品数量较少时,应增加平行双样测定比例。
( ) 109. BE005　在日常分析时,质量控制样品与被测样品同时进行分析,然后将质量控制样品测试结果标于质量控制图中,判断分析过程是否处于控制状态。
( ) 110. BE006　校准曲线是描述待测物质浓度或量与检测仪器响应值或指示量质检的定性关系曲线。
( ) 111. BE007　校准曲线绘制应与批样测定分开进行。
( ) 112. BE008　试剂纯度不是影响空白值的因素。
( ) 113. BE009　样本平均值不是真实值,只能说是真实值的最佳估计。
( ) 114. BE010　误差有两种表示方法,分别是绝对误差和相对误差。
( ) 115. BE011　相对标准偏差通常用来表示分析测试结果的准确度。
( ) 116. BE012　某些分光光度法是以吸光度(扣除空白)为0.010相对应的浓度值为检出限。
( ) 117. BE013　准确度是反应方法系统误差和随机误差的综合指标。
( ) 118. BE014　一个分析结果的有效数字的位数,主要取决于原始数据的正确记录和数值的正确计算。
( ) 119. BF001　耗氯量是指测得的水中游离余氯值。
( ) 120. BF002　混凝剂的加入量,一般以出水的浑浊度值作为参考依据。

四、简答题

1. BA001　气相色谱法的特点和不足有哪些?
2. BA001　按溶质在两相分离过程的物理化学原理的不同,高效液相色谱法可以分为哪五类?
3. BA008　液相色谱常用检测器主要有哪些?
4. BA008　液相色谱检测器主要性能指标有哪些?
5. BA010　简述液相色谱梯度淋洗的目的。
6. BA011　请列举评价检测器性能的关键指标。
7. BA014　液液萃取法的缺点有哪些?
8. BA019　简述柱后衍生技术测定氨基甲酸酯类农药的原理。
9. BC001　离子源的作用是什么?
10. BC001　电子轰击电离的特点是什么?
11. BC001　质量分析器的作用是什么?
12. BC001　ICP－MS 所用电离源的结构是什么?
13. BC001　ICP－MS 系统的工作原理是什么?
14. BC002　简述污水中重金属的毒性特点。
15. BC002　色谱－ICP 质谱联用技术与 AAS 和 AES 等分析技术相比,优点有哪些?
16. BC004　原子吸收光谱仪的工作原理是什么?
17. BC005　原子吸收分光光度计的原子化器主要分为哪四种类型?
18. BE002　不确定度的含义和目的是什么?
19. BE014　"四舍六入五成双"的有效数字舍入规则是什么?
20. BE014　有效数字的计算规则是什么?

五、计算题

1. AA021　某工厂一天 24h 生产,污水排口宽 85cm,水深 60cm,在垂线上采用两点法测流速,分别是 0.350m/s,0.415m/s,计算该厂日排污水量是多少?
2. AA021　某工厂一天生产 18h,污水排口宽 105cm,水深 28cm,用流速仪测得流速为 0.40m/s,计算该厂日排污水量是多少?
3. AA021　某工厂一天生产 12h,污水排口宽 90cm,水深 40cm,用流速仪测得流速为 0.34m/s,计算该厂日排污水量是多少?
4. AA021　已知某污水处理厂最大设计污水量为 $0.40m^3/s$,栅前渠道的宽度是为 1.5m,栅前渠道的水深是 1.0m,试用计算表达式求出栅前流速 v?
5. BA006　某混合物中只含有正庚烷、苯乙醇、乙酸乙酯,用热导检测器进行色谱分析,测得数据下表信息,计算乙酸乙酯含量的质量分数是多少?

化合物名称	色谱峰面积,cm^2	校正因子 f'
乙醇	5.0	0.64
正庚烷	9.0	0.70
苯	4.0	0.78
乙酸乙酯	7.0	0.79

6. BA006　用热导检测器分析下述组分,测得保留时间 t_R 如下,计算各组分对甲苯(标准物)的相对保留值 r_{is}。

组分	空气	环己烷	苯	甲苯	乙苯	苯乙烯
t_R/s	20	70	110	140	180	260

7. BA016　已知组分 1 和 2 的峰点距离为 1.08 cm,而 $W_1 = 0.65$ cm, $W_2 = 0.76$ cm,求分离度 R,说明组分 1 和 2 能否分离完全。

8. BA016　在一根理论塔板数为 9025 的色谱柱上,测得异辛烷和正辛烷的调整保留时间 810 s 和 825 s,则该柱分离上述二组分所得的分离度为多少?

9. BA016　设两组分的相对保留值 $r_{2,1}$ 为 1.231,要在一根色谱柱上得到完全分离(即 R = 1.5),所需有效塔板数(n 有效)为多少? 设有效塔板高度(H 有效)为 0.1 cm,应使用多长的色谱柱?

10. BA016　在一根 3 m 长的色谱柱上分析某试样时得到两个组分的调整保留时间为 13 min 及 16 min,后者的峰底宽度为 1 min,计算(1)该色谱柱的有效塔板数是多少? (2)两组分的相对保留值是多少? (3)欲使两组分的分离度 R = 1.5,需要有效塔板数为多少? 此时应该使用多长的色谱柱?

11. BA016　某组分 A 的含量是 2%,B 的含量是 8%,当组分稀释因子为 0.5 时各组分的含量是多少?

12. BD001　用火焰原子吸收法测定废水中铜,取水样 20.00 mL,经过消解后定容至 100.0 mL,吸入测定后用校准曲线计算铜含量为 20.00 μg,求该废水中铜的浓度(mg/L)。

13. BD002　用火焰原子吸收法测定土壤中锌,已知取风干过筛后试样 0.5000 g(含水 7.2%),经消解后定容至 25.0 mL,测得此溶液锌含量为 35.0 μg,求被测土壤中锌的含量(mg/kg)。

14. BD004　用原子吸收分光光度法测定某试样中的 Pb^{2+} 浓度,取 5.00 mL 未知 Pb^{2+} 试液,置于 50 mL 容量瓶中,稀释至刻度,测得吸光度为 0.275。另取 5.00 mL 未知液和 2.00 mL 50.0×10^{-6} mol/L 的 Pb^{2+} 标准溶液,放入 50 mL 容量瓶中稀释至刻度,测得吸光度为 0.650。试问未知液中 Pb^{2+} 浓度是多少?

15. BE012　某试液中,银的含量是 8.1234 g/L,而 3 次测定的结果分别为 8.1201 g/L, 8.1193 g/L 和 8.1185 g/L,问分析结果的绝对误差和相对误差各是多少?

16. BE012　化验员王某在使用高效液相色谱法对微囊藻毒素 MC-LR 项目进行质量控制操作的过程中,对真值为 24.00 mg/L 的标准样品进行了 7 次平行测定,检测平均值为 23.70 mg/L,计算标准偏差为 0.0707,请计算此次测量的相对误差和相对标准偏差是多少?

17. BE013　测定某试样中氯的含量,3 次测定结果分别为 25.12%, 25.21% 和 25.09%,计算分析结果的平均偏差和相对平均偏差。

18. BE013　计算 55.51,55.50,55.46,55.49,55.51 这组测量值的平均值($\bar{x}$)与平均偏差($\bar{d}$)和相对平均偏差。
19. BE014　根据有效数字的运算规则进行计算 $28.1+14.54+3.0007$。
20. BE014　请根据有效数字运算法则计算 $2.136 \div 23.05 + 185.71 \times 2.283 \times 10^{-4} - 0.00081$。

答 案

一、单项选择题

1. C   2. D   3. A   4. C   5. C   6. B   7. C   8. A   9. D   10. C   11. B
12. A   13. C   14. D   15. B   16. A   17. D   18. B   19. A   20. A   21. A   22. C
23. A   24. D   25. A   26. D   27. C   28. A   29. C   30. B   31. B   32. B   33. A
34. B   35. D   36. A   37. B   38. D   39. C   40. A   41. A   42. B   43. C   44. A
45. D   46. D   47. A   48. D   49. B   50. A   51. C   52. B   53. C   54. B   55. B
56. A   57. C   58. B   59. A   60. C   61. C   62. D   63. A   64. B   65. A   66. A
67. A   68. A   69. B   70. B   71. D   72. A   73. D   74. D   75. C   76. D   77. B
78. C   79. B   80. B   81. B   82. C   83. C   84. D   85. B   86. A   87. B   88. B
89. D   90. A   91. C   92. B   93. B   94. B   95. B   96. D   97. A   98. D   99. C
100. A   101. D   102. D   103. D   104. C   105. D   106. A   107. C   108. A   109. D   110. B
111. D   112. C   113. A   114. D   115. B   116. B   117. D   118. D   119. A   120. C   121. A
122. C   123. A   124. A   125. B   126. C   127. B   128. C   129. C   130. D   131. B   132. B
133. C   134. A   135. D   136. B   137. C   138. B   139. B   140. A   141. B   142. C   143. A
144. D   145. C   146. A   147. B   148. A   149. A   150. B   151. C   152. C   153. C   154. D
155. D   156. C   157. A   158. C   159. A   160. A   161. A   162. C   163. C   164. C   165. A
166. C   167. B   168. D   169. A   170. B   171. C   172. D   173. D   174. B   175. C   176. A
177. C   178. B   179. D   180. B   181. C   182. D   183. B   184. A   185. A   186. A   187. A
188. C   189. D   190. C   191. C   192. C   193. D   194. B   195. B   196. D   197. A   198. D
199. C   200. D   201. A   202. B   203. A   204. C   205. B   206. B   207. D   208. A   209. B
210. B   211. B   212. A   213. D   214. C   215. A   216. C   217. A   218. B   219. C   220. D
221. C   222. D   223. D   224. D   225. A   226. A   227. A   228. C   229. D   230. A   231. C
232. B   233. B   234. C   235. B   236. B   237. D   238. C   239. A   240. B

二、多项选择题

1. ABC   2. ACD   3. ABD   4. ABC   5. AB   6. CD
7. AC   8. AC   9. AB   10. ABCD   11. BC   12. BD
13. BC   14. ABC   15. ACD   16. ABD   17. ABD   18. ABD
19. BC   20. ABC   21. ABD   22. CD   23. ABD   24. AB
25. AB   26. ABC   27. CD   28. ABC   29. ACD   30. BCD
31. ACD   32. ABD   33. BCD   34. ACD   35. ACD   36. AD
37. ABC   38. BC   39. ABCD   40. BC   41. AC   42. ABC
43. ABCD   44. AB   45. BD   46. ABC   47. AC   48. BC

49. ABC	50. AC	51. ABD	52. ABC	53. ABC	54. ABCD
55. ABC	56. AD	57. ACD	58. BCD	59. AC	60. AB
61. CD	62. ABC	63. AC	64. CD	65. ABC	66. BC
67. BD	68. AC	69. ABCD	70. AD	71. ABD	72. ABC
73. ABCD	74. AB	75. ABC	76. ABCD	77. ABD	78. ABC
79. ABCD	80. ABC	81. ABD	82. ABC	83. CD	84. ABCD
85. ABC	86. ABCD	87. ABC	88. BC	89. ABC	90. ABD
91. ABC	92. ABC	93. ABC	94. ABC	95. AC	96. ABC
97. ACD	98. ABCD	99. BC	100. CD	101. BC	102. BC
103. BC	104. AB	105. BCD	106. AB	107. BCD	108. ABD
109. BCD	110. ABD	111. ACD	112. BCD	113. ABC	114. ABD
115. ACD	116. AB	117. ABC	118. CD	119. ABC	120. ABCD

三、判断题

1. ×　正确答案:不能。　2. ×　正确答案:可能受到污染。　3. ×　正确答案:两套供水管网不得连通。　4. √　5. ×　正确答案:水源保护区,设立地理界标和明显的警示标志。　6. √　7. √　8. √　9. ×　正确答案:氯胺消毒可减少氯消毒过程中三卤甲烷类有毒物质的生成量。　10. ×　正确答案:臭氧是极不稳定的淡蓝色气体,在常温常压下可自行分解成氧气。　11. ×　正确答案:氯气消毒产生的副产物是三氯甲烷。　12. ×　正确答案:致密膜主要用于反渗透和纳滤。　13. √　14. √　15. ×　正确答案:超滤膜可以截留细菌,但不可以杀死细菌。　16. ×　正确答案:超滤膜可以利用吸附作用去除比膜孔尺寸小的病原体。　17. ×　正确答案:臭氧氧化是将水中大分子有机物降解为小分子有机物,以便后续工艺的去除。　18. √　19. √　20. √　21. ×　正确答案:污水的一级处理达不到排放标准,一级处理属于二级处理的预处理。　22. ×　正确答案:污水的二级处理主要是进行生物处理。　23. √　24. √　25. √　26. √　27. √　28. ×　正确答案:直接从事供、管水的人员,必须经健康体检合格后方可上岗。　29. √　30. √　31. ×　正确答案:组成计算机的CPU的两大部件是运算器和控制器。　32. ×　正确答案:计算机网络的目标是实现资源共享与信息传输。　33. √　34. ×　正确答案:在Word编辑状态下,若要调整左右边界,利用标尺更直接、快捷。　35. √　36. ×　正确答案:应按Ctrl键。　37. √　38. √　39. √　40. ×　正确答案:高压气瓶外壳颜色不同,代表内装不同气体,其中白色为乙炔气、黑色为氮气、天蓝色为氧气、深绿色为氢气。　41. ×　正确答案:高效液相色谱柱柱效高,可重复使用。　42. ×　正确答案:要高于泵体,以便保持一定的输液静压差。　43. √　44. √　45. ×　正确答案:荧光检测器所检测的荧光光谱,实际上指荧光发射光谱。　46. ×　正确答案:$pK<7$。　47. ×　正确答案:溶剂的组成和浓度保持不变的叫等度洗脱。　48. ×　正确答案:用液相色谱分析样品时,所有仪器参数都是需要优化的。　49. √　50. √　51. √　52. ×　正确答案:固相萃取操作中,洗脱的目的是用小体积的溶剂将被测物质洗脱下来并收集。　53. ×　正确答案:在萃取剂的用量相同的情况下,少量多次萃取的方式比一次萃取的方式萃取率要高。　54. √　55. ×　正确答案:柱后衍生化不会由于增加衍生反应步骤而给色谱分离带来困难。　56. √　57. √　58. √　59. ×　正确答案:浓缩石油醚萃取液的水浴温度为40~70℃。　60. √　61. √　62. ×　正确答案:离子色

谱法测定硫酸盐时,如果样品硬度高,可先经过阳离子交换树脂柱。 63. × 正确答案:亚氯酸盐属于二氧化氯消毒过程中引入的消毒副产物。 64. × 正确答案:氯酸盐和硫酸反应可以生成二氧化氯。 65. × 正确答案:生活饮用水106项的检测指标不包括水中锂含量的测定。 66. √ 67. √ 68. × 正确答案:酚类化合物不具有荧光效应。 69. √ 70. × 正确答案:呋喃丹与氢氧化钠水解,生成的甲胺再与苯二醛和2-巯基乙醇反应生成强荧光效应的物质。 71. √ 72. √ 73. √ 74. √ 75. × 正确答案:原子化器是原子吸收光谱仪中最重要和最关键的部件。 76. √ 77. × 正确答案:空气—乙炔火焰是原子吸收测定中最常用的火焰。 78. × 正确答案:石墨炉原子吸收光谱仪的石墨管用到一定次数时就要进行更换。 79. √ 80. √ 81. × 正确答案:随着待测样品中待测原子浓度的增加,会使工作曲线出现弯曲。 82. √ 83. × 正确答案:通过无限制增加光源辐射强度来改善原子荧光的检出限是不可能的。 84. × 正确答案:不同价态的元素氢化物发生实现的条件不同,可进行价态分析。 85. × 正确答案:利用金属—酸还原体系能生成的氢化物元素较少。 86. √ 87. × 正确答案:原子荧光分析中,采用流动注射法所获得的信号为峰状信号。 88. × 正确答案:气相干扰是在氢化物传输过程或在原子化器中产生。 89. √ 90. √ 91. √ 92. × 正确答案:电磁阀控制气路模块的特点是结构简单,成本低。 93. √ 94. √ 95. × 正确答案:前置放大器电路由一个射极跟随器组成。 96. √ 97. √ 98. √ 99. √ 100. √ 101. × 正确答案:原子荧光法测砷,水样和标准系列中应同时加入硫脲—抗坏血酸混合液。 102. × 正确答案:原子荧光法测硒时,应尽量避免硫酸作介质。 103. √ 104. √ 105. × 正确答案:分析质量控制是发现和控制分析过程中产生误差的来源。 106. × 正确答案:过失行为引起的误差属于分析误差。 107. √ 108. √ 109. √ 110. × 正确答案:定量关系曲线。 111. × 正确答案:同时进行。 112. × 正确答案:会影响。 113. √ 114. √ 115. × 正确答案:相对标准偏差通常用来表示分析测试结果的精密度。 116. √ 117. √ 118. √ 119. × 正确答案:耗氯量是指包括所有能与氯气反应消耗的氯量和保持水中规定游离余氯值所需氯量的总和。 120. √

四、简答题

1. ①气相色谱法具有选择性高、分离效率高、灵敏度高,分析速度快的特点,②但它仅适用于分析蒸气压低、沸点低的样品,而不适用于分析高沸点有机物、高分子和热稳定性差的化合物以及生物活性物质,因而使其应用受到限制。

评分标准:答对①占50%;答对②占50%。

2. 可以分为①吸附色谱、②分配色谱、③离子色谱、④体积排阻色谱、⑤亲和色谱。

评分标准:答对①占20%;答对②占20%;答对③占20%;答对④占20%;答对⑤占20%。

3. ①常用的检测器为紫外吸收检测器(UVD)、②折光指数检测器(RID)、③电导检测器(ECD)、④荧光检测器(FLD)和⑤蒸发光散射检测器(ELSD)。

评分标准:答对①占20%;答对②占20%;答对③占20%;答对④占20%;答对⑤占20%。

4. ①噪声、②基线漂移、③灵敏度(最小检出浓度或最小检出量)、④线性范围、⑤检测器的池体积。

评分标准:答对①占 20%;答对②占 20%;答对③占 20%;答对④占 20%;答对⑤占 20%。

5. ①梯度洗脱是使流动相中含有两种或两种以上不同极性的溶剂,在洗脱过程连续或间断改变流动相的组成,以调节它的极性,使每个流出的组分都有合适的容量因子 k',②并使样品中的所有组分可在最短的分析时间内,以适用的分离度获得完美的择性地分离。③梯度洗脱技术可以提高柱效、缩短分析时间,并可改善检测器的灵敏度。

评分标准:答对①占 40%;答对②占 30%;答对③占 30%。

6. 在评价检测器时,重点评价五项指标,分别是①噪声、②基线漂移、③灵敏度(最小检出浓度或最小检出量)、④线性范围、⑤检测器的池体积。

评分标准:答对①占 20%;答对②占 20%;答对③占 20%;答对④占 20%;答对⑤占 20%。

7. ①传统液液萃取法的缺点是对样品需求量较大,②消耗大量有机溶剂,③操作费时,④分离效率较低。

评分标准:答对①占 25%;答对②占 25%;答对③占 25%;答对④占 25%。

8. ①分离后的氨基甲酸酯农药首先在 100℃下在 NaOH 作用下水解释放出醇,碳酸盐和甲胺。②然后甲胺与邻苯二甲醛(OPA)和 2-巯基乙醇反应生成有强荧光吸收的 1-甲基-2-吲哚类化合物,③最后被荧光检测器检测。

评分标准:答对①占 40%;答对②占 40%;答对③占 20%。

9. ①离子源的作用是将被分析样品分子电离成带电的离子,②并使这些离子在离子光学系统的作用下,汇聚成有一定几何形状和一定能量的离子束,③然后进入质量分析器被分离。

评分标准:答对①占 40%;答对②占 40%;答对③占 20%。

10. ①电子轰击电离的特点是稳定,操作方便,②电子流强度可精密控制,电子效率高,③结构简单,控温方便,④所形成的离子具有较窄的动能分散,⑤所得的质谱图是特征的,重现性好。

评分标准:答对①占 20%;答对②占 20%;答对③占 20%;答对④占 20%;答对⑤占 20%。

11. ①质量分析器是质谱仪的核心,②是它将离子源产生的离子按质量和电荷比的不同、在空间的位置、时间的先后或轨道的稳定与否进行分离,③以便得到按质核比大小顺序排列而成的质谱图。

评分标准:答对①占 30%;答对②占 40%;答对③占 30%。

12. ①ICP-MS 所用电离源是感应耦合等离子体,②其主体是一个由三层石英套管组成的炬管,③炬管上端绕有负载线圈,④三层管从里到外分别通载气、辅助气和冷却气,⑤负载线圈由高频电源耦合供电,产生垂直于线圈平面的磁场。

评分标准:答对①占 20%;答对②占 20%;答对③占 20%;答对④占 20%;答对⑤占 20%。

13. ①被分析样品以水溶液的气溶胶形式引入氩气流中,然后进入由射频能量激发的处于大气压下的氩等离子体中心区。②等离子的高温使样品去溶剂化、气化解离和电离,部分等离子体经过不同的压力区进入真空系统,在真空系统里,正离子被拉出并按其质荷比分离。③检测器将离子转化为电子脉冲,然后由积分测量线路计数。电子脉冲的大小与样品中分析离子的浓度有关,通过与已知的标准或参比物质比较,实现未知样的痕量元素定量分析。

评分标准:答对①占30%;答对②占30%;答对③占40%。

14. ①水体中的重金属浓度在0.01~10mg/L,可产生毒性效应。②微生物不能降解重金属。③生物体从环境中摄取重金属,并会在体内大量积累,经过食物链进入人体。④重金属进入人体后,能够使某些生理高分子物质失去活性,造成中毒。

评分标准:答对①占20%;答对②占30%;答对③占30%;答对④占20%。

15. ①具有检出限低、②分析速度快、③动态范围宽、④能同时分析多种元素、⑤可进行同位素分析等特点。

评分标准:答对①占20%;答对②占20%;答对③占20%;答对④占20%;答对⑤占20%。

16. ①原子吸收光谱仪的原理是样品经适当前处理后,进入原子化器,②所含的待测元素离子在原子化器中成为原子蒸气,待测元素的基态原子吸收来自同种元素空心阴极灯发射的共振线,③其吸收强度在一定范围内与金属浓度成正比。

评分标准:答对①占20%;答对②占40%;答对③占40%。

17. 原子化器主要有四种类型:①火焰原子化器、②石墨炉原子化器、③氢化物发生原子化器、④冷蒸气发生原子化器。

评分标准:答对①占25%;答对②占25%;答对③占25%;答对④占25%。

18. ①不确定度的含义是指由于测量误差的存在,对被测量值的不能肯定的程度。②反过来,也表明该结果的可信赖程度,它是测量结果质量的指标。③不确定度越小,所述结果与被测量的真值越接近,质量越高,水平越高,其使用价值越高;④不确定度越大,测量结果的质量越低,水平越低,其使用价值也越低。

评分标准:答对①占25%;答对②占25%;答对③占25%;答对④占25%。

19. ①拟舍弃数字的最左一位数字小于5,则舍去,保留其余各位数字不变。

②拟舍弃数字的最左一位数字大于5,则进一,即保留数字的末位数字加1。

③拟舍弃数字的最左一位数字是5,且其后无数字或全部为0时,若所保留的末位数字是奇数则进一,即保留数字的末位数字加1;若所保留的末位数字为偶数,则舍去。

④拟舍弃数字的最左一位数字是5,且其后有非0数字时进一,即保留数字的末位数字加1。

⑤若拟舍去的数字包括几位数字时,不得对该数字进行连续修约,而应根据以上规则进行一次修约。

评分标准:答对①占20%;答对②占20%;答对③占20%;答对④占20%;答对⑤占20%。

20. ①加减法:以小数点后位数最少的数据为基准,其他数据修约至与其相同,再进行加减计算,最终计算结果保留最少的位数。

②乘除法:以有效数字最少的数据为基准,其他有效数字修约至相同,再进行乘除运算,计算结果仍保留最少的有效数字。

评分标准:答对①占50%;答对②占50%。

五、计算题

1. 解:$Q = [0.85 \times 0.6 \times (0.350 + 0.415)/2] \times 60 \times 60 \times 24 = 16854(m^3)$

答:该厂日排污水 $16854 m^3$。

评分标准:公式正确占40%,过程正确占40%,结果正确占20%,公式、过程不对,结果对不得分。

2. 解:$Q = 0.40 \times 1.05 \times 0.28 \times 60 \times 60 \times 18 = 7620(m^3)$

答:该厂日排污水 $7620 m^3$。

评分标准:公式正确占40%,过程正确占40%,结果正确占20%,公式、过程不对,结果对不得分。

3. 解:$Q = 0.34 \times 0.9 \times 0.4 \times 60 \times 60 \times 12 = 5288(m^3)$

答:该厂日排污水 $5288 m^3$。

评分标准:公式正确占40%,过程正确占40%,结果正确占20%,公式、过程不对,结果对不得分。

4. 解:$v = Q_{max}/Bh = 0.40/(1.5 \times 1.0) = 0.27(m/s)$

答:栅前流速为 $0.27 m/s$。

评分标准:公式正确占40%,计算正确占40%,结果对占20%;公式、过程不对,结果对不得分。

5. 解:按题意用归一化法计算,即当样品中各组分都能流出色谱柱,并都能在色谱图上显示色谱峰时可以用此法。

$$\omega = \frac{A_i f_i}{A_1 f_1 + A_2 f_2 + A_3 f_3 + A_4 f_4} \times 100\%$$

代入数据为 $\omega = \dfrac{7.0 \times 0.79}{7.0 \times 0.79 + 5.0 \times 0.64 + 9.0 \times 0.70 + 4.0 \times 0.78} \times 100\%$

得 $\omega = 30.47\%$

答:乙酸乙酯含量的质量分数为 30.47%。

评分标准:公式正确占40%,过程正确占40%,结果正确占20%,公式、过程不对,结果对不得分。

6. 解:$r_{is} = \dfrac{t'_{Ri}}{t'_{Rs}}$

$t'_R = t_R - t_M$,t_M 为空气峰(死时间)

各组分的 t'_R 为　　环己烷　$70 - 20 = 50$

　　　　　　　　　　　苯　　　$110 - 20 = 90$

　　　　　　　　　　　甲苯　　$140 - 20 = 120$

　　　　　　　　　　　乙苯　　$180 - 20 = 160$

　　　　　　　　　　　苯乙烯　$260 - 20 = 240$

各个组分对甲苯的相对保留值 r_{is} 为　环己烷　$50/120 = 0.417$

　　　　　　　　　　　　　　　　　　　苯　　　$90/120 = 0.750$

　　　　　　　　　　　　　　　　　　　甲苯　　$120/120 = 1.000$

　　　　　　　　　　　　　　　　　　　乙苯　　$160/120 = 1.333$

　　　　　　　　　　　　　　　　　　　苯乙烯　$240/120 = 2.000$

答:环己烷、苯、甲苯、乙苯、苯乙烯对甲苯的相对保留值依次为 0.417、0.750、1.000、1.333、2.000。

评分标准:公式正确占 40%,过程正确占 40%,结果正确占 20%,公式、过程不对,结果对不得分。

7. 解:分离度表示两个色谱峰的分离程度,以两个组分保留值之差与其平均峰宽值之比表示,即

$$R = 2\left(\frac{t_{R2} - t_{R1}}{W_1 + W_2}\right)$$

式中,t_R 为保留时间,即组分从进样到出现峰最大值所需的时间。$t_{R2} - t_{R1}$ 实际上等于两峰顶距离,即 1.08cm,故

$$R = 2 \times \left(\frac{1.08}{0.65 + 0.76}\right) = 1.53$$

当 $R > 1.5$ 时,即认为两组分可分离完全,故组分 1 和 2 可完全分离。

答:组分 1 和 2 的分离度为 1.53,两组分可以完全分离。

评分标准:公式正确占 40%,过程正确占 40%,结果正确占 20%,公式、过程不对,结果对不得分。

8. 解:根据计算公式 $$n = 16R^2 \left(\frac{r_{2,1}}{r_{2,1} - 1}\right)^2$$

式中 n——塔板数;

$r_{2,1}$——相对保留值,即组分与参比组分调整保留值之比。

$$r_{2,1} = \frac{t_{R2}}{t_{R1}} = \frac{825}{810} = 1.0185$$

代入上式可得 $R = \sqrt{\dfrac{n}{\left(\dfrac{r_{2,1}}{r_{2,1} - 1}\right)^2 \times 16}} = \sqrt{\dfrac{9025}{\left(\dfrac{1.0185}{1.0185 - 1}\right)^2 \times 16}} = 0.43$

答:两组分的分离度为 0.43。

评分标准:公式正确占 40%,过程正确占 40%,结果正确占 20%,公式、过程不对,结果对不得分。

9. 解:有效塔板数 $n_{有效}$ 及有效塔板高度 $H_{有效}$ 与分离度 R 之间的关系如下式

$$n_{有效} = 16R^2 \left(\frac{r_{2,1}}{r_{2,1} - 1}\right)^2$$

用上式求出有效塔板数 $n_{有效}$

$$n_{有效} = 16 \times (1.5)^2 \times \frac{(1.231)^2}{(1.231 - 1)^2} = 1022$$

应使用的色谱柱长度 $L = n_{有效} \times L_{有效} = 1022 \times 0.1\text{cm} = 102.2\text{cm}$

答:应使用的色谱柱长度为 102.2cm。

评分标准:公式正确占 40%,过程正确占 40%,结果正确占 20%,公式、过程不对,结果对不得分。

10. 解:(1)求色谱柱的有效塔板数

$$n_{有效} = 5.54\left(\frac{t'_R}{W_{h/2}}\right)^2 = 16\left(\frac{t'_R}{W}\right)^2$$

代入数据得
$$n_{有效} = 16\left(\frac{16}{1}\right)^2 = 4096$$

(2)求两组分的相对保留值 $r_{2,1}$

$$r_{2,1} = \frac{t_{Ri}}{t_{Rs}} = \frac{16}{13} = 1.231$$

(3)当分离数 $R = 1.5$ 时,需要的有效塔板数 n

$$n_{有效} = 16R^2\left(\frac{r_{2,1}}{r_{2,1}-1}\right)^2 = 16(1.5)^2\left(\frac{1.231}{1.231-1}\right)^2 = 1022$$

设理论塔板高度为 H

$$H = \frac{L}{n} = \frac{3000}{4096} = 0.73 \text{mm}$$

当 $R = 1.5$ 时有效塔板数为1022,则 $L = Hn = \dfrac{0.73 \times 1022}{1000} = 0.75(\text{m})$

评分标准:公式正确占40%,过程正确占40%,结果正确占20%,公式、过程不对,结果对不得分。

11. 解:设稀释因子为0.5时,A 组分的含量为 A',B 组分的含量为 B'

$A = 2\% \times 0.5 = 1\%$ $B = 8\% \times 0.5 = 4\%$

评分标准:公式正确占40%,过程正确占40%,结果正确占20%,公式、过程不对,结果对不得分。

12. 解:设该废水中铜的浓度为 $c(\text{Cu})$

$c(\text{Cu}) = 20.00\mu\text{g}/20.00\text{mL} = 1.0\text{mg/L}$

答:该废水中铜的浓度为 1.0mg/L。

评分标准:公式正确占40%,过程正确占40%,结果正确占20%,公式、过程不对,结果对不得分。

13. 解:设被测土壤中锌的含量为 $c(\text{Zn})$

$$c(\text{Zn}) = \frac{35.0}{0.5000 \times (1 - 7.2\%)} = 75.4(\text{mg/kg})$$

答:该土壤中锌的含量为 75.4mg/kg。

评分标准:公式正确占40%,过程正确占40%,结果正确占20%,公式、过程不对,结果对不得分。

14. 解:设未知液中铅离子浓度为 c_x,则 $A_x = Kc_x \times 5.00/50.00 = 0.1Kc_x = 0.275$

同理 $A_0 = K(5.00 \times c_x + 50.0 \times 10^{-6} \times 2.00)/50.00 = 0.1Kc_x + 2 \times 10^{-6}K = 0.650$

$A_0 - A_x = 0.650 - 0.275 = 0.375 = 2 \times 10^{-6}K$

$K = 1.875 \times 10^5$

$c_x = 1.47 \times 10^{-5} \text{mol/L}$

评分标准:公式正确占40%,过程正确占40%,结果正确占20%,公式、过程不对,结果对不得分。

15. 解：①平均值 $\bar{x} = \dfrac{8.1201 + 8.1193 + 8.1185}{3} = 8.1193$（g/L）

②绝对误差 $E = 8.1193 - 8.1234 = -0.0041$（g/L）

设银含量的真实值为 T 则

③相对误差 $E_r = \dfrac{E}{T} = -0.0041 \div 8.1234 \times 100\% = -0.050\%$

答：绝对误差是 -0.0041g/L，相对误差 -0.050%。

评分标准：答对①占 30%，答对②占 35%，答对③占 35%，公式、过程不对，结果对不得分。

16. 解：①相对误差 $= \dfrac{测定值 - 真实值}{真实值} \times 100\% = \dfrac{23.70 - 24.00}{24.00} \times 100\% = -1.25\%$

②相对标准偏差（RSD）$= \dfrac{标准偏差（SD）}{计算结果的算术平均值} \times 100\% = \dfrac{0.0707}{23.70} \times 100\% = 0.30\%$

评分标准：答对①占 50%，答对②占 50%，公式、过程不对，结果对不得分。

17. 解：①平均值 $\bar{x} = \dfrac{25.12\% + 25.21\% + 25.09\%}{3} = 25.14\%$

②$\bar{d} = \dfrac{|d_1| + |d_2| + |d_3|}{3} = \dfrac{0.02\% + 0.07\% + 0.05\%}{3} = 0.0466\%$

③$\bar{d}(\%) = \dfrac{\bar{d}}{\bar{x}} \times 100\% = 0.1854\%$

答：平均偏差为 0.0466%，相对偏差为 0.1854%。

评分标准：答对①占 20%，答对②占 40%，答对③占 40%，公式、过程不对，结果对不得分。

18. 解：①平均值 $\bar{x} = \dfrac{55.51 + 55.50 + 55.46 + 55.49 + 55.51}{5} = 55.49$

②$\bar{d} = \dfrac{|d_1| + |d_2| + |d_3| + |d_4| + |d_5|}{5} = \dfrac{0.02 + 0.01 + 0.03 + 0.00 + 0.02}{5} = 0.016$

③$\bar{d}(\%) = \dfrac{\bar{d}}{\bar{x}} \times 100\% = \dfrac{0.016}{55.49} \times 100\% = 0.028\%$

答：平均值为 55.49，平均偏差为 0.016，相对偏差为 0.028%。

评分标准：答对①占 20%，答对②占 40%，答对③占 40%，公式、过程不对，结果对不得分。

19. 解：$28.1 + 14.54 + 3.0007$

① $= 28.1 + 14.5 + 3.00$

② $= 45.6$

答：计算结果为 45.6。

评分标准：答对①占 50%，答对②占 50%，公式、过程不对，结果对不得分。

20. 解：$2.136 \div 23.05 + 185.71 \times 2.283 \times 10^{-4} - 0.00081$

① = 9.267×10⁻² + 4.240×10⁻² − 8.1×10⁻⁴
② = (926.7 + 424.0 − 8.1)×10⁻⁴
③ = 1343×10⁻⁴
④ = 0.1343

答:计算结果为 0.1343。

评分标准:答对①占 30%,答对②占 30%,答对③占 20%,答对④占 20%,公式、过程不对,结果对不得分。

附 录

附录1 职业资格等级标准

1. 工种概况

1.1 工种名称
水质检验工。

1.2 工种定义
水质检验工是指使用化学试剂、各类分析仪器等,对各种水的物理化学性能进行检验和试验,并做出质量评定的人员。

1.3 工种等级
本工种共四个等级,分别是:初级(国家职业资格五级)、中级(国家职业资格四级)、高级(国家职业资格三级)、技师(国家职业资格二级)。

1.4 工种环境
室内、室外,接触部分有毒、有害化学试剂。

1.5 工种能力特征
身体健康,具有一定的理解、表达、分析、判断能力和形体知觉、色觉、嗅觉和味觉能力,动作协调灵活。

1.6 普通受教育程度
高中毕业(或同等学力)。

1.7 培训要求

1.7.1 培训期限
全日制职业学校教育,根据其培养目标和教学计划定期限。晋级培训:初级不少于280标准学时;中级不少于210标准学时;高级不少于200标准学时;技师不少于280标准学时。

1.7.2 培训教师
培训初级工、中级工、高级工的教师应具备本职业高级以上职业资格证书或中级以上专业技术职务任职资格;培训技师的教师应具有本职业高级技师资格证书或相应专业高级专业技术职务任职资格。

1.7.3 培训场地设备
理论培训应具有可容纳30名以上学员的教室,实际操作培训应有相应的仪器、设备、玻璃器皿、安全设施等较为完善的专业化验室。

1.8 鉴定要求

1.8.1 适用对象
从事或准备从事本工种的人员。

1.8.2 申报条件

具备以下条件之一者可申报初级工：

(1)新入职完成本职业(工种)培训内容，经考核合格人员。

(2)从事本工种工作 1 年及以上的人员。

具备以下条件之一者可申报中级工：

(1)从事本工种工作 5 年以上，并取得本职业(工种)初级工职业技能等级证书的人员。

(2)各类职业、高等院校大专及以上毕业生从事本工种工作 3 年及以上，并取得本职业(工种)初级工职业技能等级证书的人员。

具备以下条件之一者可申报高级工：

(1)从事本工种工作 14 年以上，并取得本职业(工种)中级工职业技能等级证书的人员。

(2)各类职业、高等院校大专及以上毕业生从事本工种工作 5 年及以上，并取得本职业(工种)中级工职业技能等级证书的人员。

申报技师：

取得本职业(工种)高级工职业技能等级证书 3 年以上，工作业绩经企业考核合格的人员可申报技师。

1.8.3 鉴定方式

分理论考试和操作技能考核。理论知识采取闭卷笔试方式，操作技能考核采用现场实际操作方式。理论知识考试和操作技能考核均实行百分制，成绩均达到 60 分以上(含 60 分)者为合格。技师还须进行综合评审。

1.8.4 考评员与考生配比

理论知识考试考评人员与考生配比为 1∶20，每标准教室不少于 2 名考评员；操作技能考核考评人员与考生配比为 1∶5，且不少于 3 名考评人员；技师还须进行综合评审考证人员不少于 5 人。

1.8.5 鉴定时间

理论知识考试 90 分钟，操作技能考核不少于 60 分钟。

1.8.6 鉴定场所设备

理论知识考试在标准教室进行，操作技能考核在具有相关的仪器、设备、玻璃器皿和安全设施较为完善的专业化验室进行。

2. 基本要求

2.1 职业道德

(1)爱岗敬业，自觉履行职责；

(2)忠于职守，严于律己；

(3)吃苦耐劳，工作认真负责；

(4)勤奋好学，刻苦钻研业务技术；

(5)谦虚谨慎,团结协作;
(6)安全生产,严格执行生产操作规程;
(7)文明作业,质量环保意识强;
(8)文明守纪,遵纪守法。

2.2 基础知识

2.2.1 化学基础知识
(1)物质的组成、性质;
(2)无机化合物的基础知识;
(3)有机化合物的基础知识。

2.2.2 水处理基础知识
(1)天然水源水质;
(2)水质相关标准;
(3)水处理的工艺。

2.2.3 安全环保基础知识
(1)实验室防火、防爆基础知识与安全要求;
(2)常用消防器材使用知识;
(3)实验室安全操作基础知识;
(4)有毒有害物质的安全防护知识;
(5)实验室"三废"处理知识。

2.2.4 计算机基础知识
(1)Office 软件应用基础知识;
(2)计算机辅助设备的应用;
(3)计算机网络基础知识。

3. 工作要求

本标准对初级、中级、高级、技师的要求依次递进,高级别包括低级别要求。

3.1 初级

职业功能	工作内容	技能要求	相关知识
一、检测前准备	(一)制备纯水	1. 能使用离子交换器制备纯水 2. 能用蒸馏法制备实验室用水	1. 实验室用水原水的杂质 2. 水的纯化方法 3. 实验室用水规格及水质要求 4. 实验室用水的制备及存储 5. 实验室用水的检测方法 6. 蒸馏法制备纯水 7. 离子交换法制备纯水

续表

职业功能	工作内容	技能要求	相关知识
一、检测前准备	(二)管理样品	1. 能采集水样 2. 能保存水样 3. 能洗涤及干燥玻璃器皿	1. 水样的采集方法 2. 水样的固定及保存方法 3. 实验室玻璃器皿的洗涤规程 4. 实验室玻璃器皿的干燥规程 5. 实验室玻璃器皿的自校规程 6. 实验室常用玻璃器皿的使用规程
二、配制和标定溶液	(一)配制溶液	1. 能使用容量瓶、移液管及酒精灯 2. 能配制一般常用溶液 3. 能使用托盘天平量取化学试剂 4. 能使用分液漏斗	1. 托盘天平及电子天平操作规程 2. 固体药品及液体药品的取用 3. 容量瓶、移液管,分液漏斗的使用规程 4. 溶质、溶液、溶解结晶等的概念 5. 溶液、溶液浓度计算及表示方法 6. 常用酸碱及其盐类、常用化合物的性质 7. 物质的计量及化学定律 8. 化学试剂的规格、选用及存放 9. 一般常用试剂的配制方法
	(二)标定溶液	1. 能使用滴定管 2. 能配制常用缓冲溶液	1. 滴定管的使用方法及注意事项 2. 分析化学的分类和内容 3. 标准物质的定义和应用 4. 定量分析中的误差及其分析 5. 有效数字保留和数字修约规则 6. 硬度和碱度的来源及相互关系 7. 常用缓冲溶液的配制方法 8. 氨的性质
三、理化分析	(一)仪器法测定	1. 能使用pH计测定pH值 2. 能使用电导率仪测定电导率 3. 能使用浊度仪测定浑浊度 4. 能使用余氯仪测定余氯 5. 能使用二氧化氯仪测定二氧化氯 6. 能使用溶解氧仪测定溶解氧	1. pH值检测原理及方法 2. 电导率检测原理及方法 3. 浑浊度检测原理及方法 4. 余氯检测原理及方法 5. 二氧化氯检测原理及方法 6. 溶解氧的测定原理及方法 7. pH计的校准和维护方法 8. 温度计、磁力搅拌器的使用
	(二)观察法测定	能测定色度、臭和味及肉眼可见物	1. 比色分析的基本原理 2. 色度检测原理及方法 3. 臭和味及肉眼可见物的检测 4. 3,3′,5,5′-四甲基联苯胺比色法测定游离余氯原理及方法 5. 邻联甲苯胺-亚砷酸盐比色法测定余氯原理及方法
	(三)重量法测定	1. 能测定溶解性总固体 2. 能测定悬浮物	1. 真空泵、烘箱和马弗炉的使用 2. 干燥、灼烧浓缩及过滤的操作 3. 溶解性总固体的测定原理及方法 4. 悬浮物的测定原理及方法

3.2 中级

职业功能	工作内容	技能要求	相关知识
一、理化分析	（一）重量法测定	1. 能使用电子天平 2. 能处理天平摆动受阻、跳针与带针	1. 电子天平方法 2. 天平摆动受阻、跳针与带针的处理 3. 饱和溶液与非饱和溶液的特点 4. 沉淀的条件 5. 有机沉淀剂的选择 6. 沉淀的处理
	（二）滴定法测定	1. 能配制标定 EDTA 标准溶液 2. 能配制与标定盐酸标准溶液 3. 能相互滴定酸碱溶液 4. 能测定总硬度 5. 能检测液体聚合硫酸铁 6. 能测定净水剂硫酸亚铁中硫酸亚铁含量	1. 物质的量规则 2. 酸碱质子理论 3. 摩尔法原理及应用 4. EDTA 溶液的配制与标定方法 5. 盐酸标准溶液的配制标定方法 6. 酸碱溶液的互滴 7. 酸碱指示剂的使用 8. 总硬度检测原理及方法 9. 氯化物检测原理及方法 10. 氧化还原滴定原理及方法 11. 碱度检测原理及方法 12. 净水剂聚合硫酸铁的国家标准 13. 聚合硫酸铁检测原理及方法 14. 液体聚合硫酸铁盐基度检测原理及方法 15. 硫酸亚铁、氯化铁检测原理及方法
二、分光光度分析	（一）分光仪器使用	1. 能使用分光光度计 2. 能校正分光光度计波长 3. 能绘制标准曲线	1. 分光光度计操作规程 2. 分光光度计波长校正方法 3. 标准曲线绘制方法 4. 光吸收定律 5. 分光光度计的组成
	（二）分光指标测定	1. 能用二氮杂菲分光光度法测定铁 2. 能用过硫酸铵分光光度法测定锰 3. 能测定硝酸盐氮 4. 能用铬天青分光光度法测定铝 5. 能测定亚硝酸盐氮	1. 铁的测定原理及方法 2. 锰的测定原理及方法 3. 氟化物的测定原理及方法 4. 亚硝酸盐氮的测定原理及方法 5. 硝酸盐氮的检测原理及方法 6. 铅测定原理及方法意义 7. 镉测定原理及方法意义 8. 锌测定原理及方法意义 9. 铜测定原理及方法意义 10. 铝测定原理及方法意义
三、生化分析	（一）生化仪器使用	1. 能使用低倍显微镜 2. 能使用高倍显微镜	1. 低倍和高倍显微镜使用方法 2. 显微镜的维护保养方法 3. 生化培养箱的使用方法
	（二）生化指标测定	1. 能测定菌落总数 2. 能测定耐热大肠菌群 3. 能测定大肠埃希氏菌	1. 菌落总数检测方法意义 2. 耐热大肠菌群的检测方法意义 3. 大肠埃希氏菌的测定方法

3.3 高级

职业功能	工作内容	技能要求	相关知识
一、理化分析	(一)蒸馏法测定	1. 能测定化学需氧量(重铬酸钾法) 2. 能测定挥发酚	1. 化学需氧量的测定原理及方法(铬法) 2. 挥发酚的测定原理及方法
	(二)滴定法测定	1. 能测定溶解氧(碘量法) 2. 能进行溶解氧现场固定 3. 能测定高锰酸盐指数	1. 溶解氧的测定原理及方法(碘量法) 2. 溶解氧的现场固定原理及方法 3. 高锰酸盐指数的测定原理及方法
二、分光光度分析	(一)分光仪器使用	1. 能使用分光光度计 2. 能校正分光光度计波长	1. 分光光度计操作规程 2. 分光光度计波长校正方法
	(二)分光项目测定	1. 能测定总氮 2. 能测定总磷 3. 能测定氨氮 4. 能测定石油类 5. 能测定总碱度 6. 能测定硫酸盐 7. 能测定硫化物 8. 能用原子吸收分光光度计测定铁 9. 能用原子吸收分光光度计测定钾 10. 能用原子吸收分光光度计测定钠	1. 总氮的测定原理及方法 2. 总磷的测定原理及方法 3. 氨氮的测定原理及方法 4. 石油类的测定原理及方法 5. 总碱度的测定原理及方法 6. 硫酸盐的测定原理及方法 7. 硫化物的测定原理及方法 8. 原子吸收分光光度计操作规程 9. 原子吸收分光光度法测定铁的方法 10. 原子吸收分光光度法测定钾的方法 11. 原子吸收分光光度法测定钠的方法
三、生化分析	(一)生化仪器使用	1. 能操作高压蒸汽锅灭菌 2. 能配制培养基	1. 高压蒸汽锅操作规程 2. 培养基配制操作规程
	(二)生化指标测定	1. 能测定总大肠菌群(滤膜法) 2. 能进行革兰氏染色操作 3. 能制备品红亚硫酸钠储备培养基	1. 滤膜法检测总大肠菌群的方法 2. 革兰氏染色技术 3. 品红亚硫酸钠储备培养基的配制方法
四、色谱分析	(一)色谱仪器使用	1. 能使用气相色谱仪 2. 能设定气相色谱仪的检测参数	1. 气相色谱仪操作规程 2. 气相色谱仪检测参数的设定方法
	(二)色谱项目测定	1. 能测定三氯甲烷 2. 能测定四氯化碳 3. 能测定多环芳烃 4. 能测定有机农药	1. 气相色谱仪操作规程 2. 气相色谱法测定三氯甲烷 3. 气相色谱法测定四氯化碳 4. 液相色谱法测定多环芳烃 5. 液相色谱仪操作规程 6. 液相色谱仪检测参数的设定方法

3.4 技师

职业功能	工作内容	技能要求	相关知识
一、色谱分析	（一）色谱仪器使用	1. 能使用1100液相色谱仪 2. 能使用ICS5000离子色谱仪	1. 1100液相色谱仪操作规程 2. ICS5000离子色谱仪操作规程
	（二）色谱项目测定	1. 能测定滴滴涕,六六六 2. 能测定苯系物 3. 能测定氯化物 4. 能测定硫酸盐 5. 能测定硝酸盐氮 6. 能测定氟化物 7. 能测定磷酸盐 8. 能测定溴酸盐 9. 能测定氯酸盐 10. 能测定亚氯酸盐 11. 能测定微囊藻毒素 12. 能测定苯酚类	1. 气相色谱法测定滴滴涕,六六六;苯系物方法及原理 2. 气相色谱法测定苯系物方法及原理 3. 离子色谱法测定氟化物、氯化物、亚硝酸盐氮、硝酸盐氮、硫酸盐、磷酸盐方法及原理 4. 液相色谱法测定微囊藻毒素、苯酚类方法及原理
二、光谱分析	（一）光谱仪器使用	1. 能使用原子吸收分光光度计 2. 能使用原子荧光分光光度计	1. 原子吸收分光光度计操作规程（无火焰法） 2. 原子吸收分光光度计操作规程（火焰法）
	（二）光谱项目测定	1. 能用原子吸收分光光度计测定铅 2. 能用原子吸收分光光度计测定银 3. 能用原子吸收分光光度计测定锌 4. 能用原子吸收分光光度计测定铊 5. 能用原子荧光分光光度计测定锑 6. 能用原子荧光分光光度计测定砷 7. 能用原子荧光分光光度计测定硒 8. 能用原子荧光分光光度计测定汞	1. 铅的测定原理及方法 2. 银的测定原理及方法 3. 锌的测定原理及方法 4. 铊的测定原理及方法 5. 锑的测定原理及方法 6. 砷的测定原理及方法 7. 硒的测定原理及方法 8. 汞的测定原理及方法
三、质量控制	（一）生产指导	1. 能进行耗氯量试验 2. 能进行耗矾量试验	1. 耗氯量试验原理及方法 2. 耗矾量试验原理及方法
	（二）质量管理	1. 能对分析检测过程进行质量控制 2. 能根据质量管理体系管理和指导生产	1. 误差分析 2. 质量保证措施 3. 质量控制图的绘制及质量判断

4. 比重表

4.1 理论知识

项目			初级,%	中级,%	高级,%	技师,%
基本要求		基础知识	35	30	26	30
相关知识	检测前准备	制备纯水	4			
		管理样品	4			
	配制和标定溶液	配制溶液	27			
		标定溶液	16			

续表

项目			初级,%	中级,%	高级,%	技师,%
相关知识	理化分析	仪器法测定	7			
		观察法测定	3			
		重量法测定	4	10		
		滴定法测定		33	4	
		蒸馏法测定			3	
	分光光度分析	分光仪器使用		6	22	
		分光项目测定		14	14	
	生化分析	生化仪器使用		2	6	
		生化指标测定		5	4	
	色谱分析	色谱仪器使用			18	16
		色谱项目测定			3	12
	光谱分析	光谱仪器使用				23
		光谱项目测定				5
	质量控制	生产指导				12
		质量管理				2
合计			100	100	100	100

4.2 技能操作

项目			初级,%	中级,%	高级,%	技师,%
技能要求	检测前准备	制备纯水	10			
		管理样品	15			
	配制和标定溶液	配制溶液	20			
		标定溶液	10			
	理化分析	仪器法测定	30			
		观察法测定	5			
		重量法测定	10	10		
		滴定法测定		30	10	
		蒸馏法测定			10	
	分光光度分析	分光仪器使用		10		
		分光项目测定		30	45	
	生化分析	生化仪器使用		5		
		生化指标测定		15	15	
	色谱分析	色谱仪器使用				15
		色谱项目测定			20	25
	光谱分析	光谱仪器使用				15
		光谱项目测定				20
	质量控制	生产指导				15
		质量管理				10
合计			100	100	100	100

附录2 技师理论知识鉴定要素细目表

行业:石油天然气　　　工种:水质检验工　　　等级:技师　　　鉴定方式:理论知识

行为领域	代码	鉴定范围（重要程度比例）	鉴定比重	代码	鉴定点	重要程度	备注
基础知识A 30%	A	水处理基础知识 (23:05:02)	25%	001	管网中微生物、有机物及藻类对水质的影响	X	JS
				002	管道及附属设备受到的污染	X	JD
				003	用水端出现的二次污染问题	X	JS
				004	改善管网水水质的主要措施	X	JD
				005	供水企业对水源保护与管理	X	
				006	水质评价的概念及评价方法	X	
				007	氯气消毒的原理	X	JD
				008	二氧化氯消毒的原理	X	JD
				009	氯胺消毒的原理	Y	
				010	臭氧消毒的原理	Y	
				011	消毒副产物种类	Y	
				012	膜的分类	X	
				013	膜分离的分类	X	JD
				014	膜技术的原理	X	JD
				015	超滤的基本原理	Z	JD
				016	超滤膜的透过机理	X	
				017	臭氧—生物活性炭深度水处理技术	X	
				018	活性炭的性能指标	X	
				019	活性炭的选择吸附原理	X	
				020	活性炭的再生	Y	
				021	生活污水预处理工艺	Y	
				022	生活污水生物处理工艺	X	
				023	生活污水反硝化生物处理工艺	X	
				024	离子交换水处理	X	
				025	循环冷却水系统腐蚀处理	X	
				026	石油炼制企业清洁生产技术	X	
				027	饮用天然矿泉水的水质标准指标	X	
				028	供、管水从业人员要求	X	
				029	二次供水设施卫生规范	X	
				030	涉水化学处理剂卫生要求	Z	
	B	计算机基础知识 (05:02:0)	5%	001	电脑知识		
				002	局域网知识	X	
				003	Windows 知识	X	
				004	Word 知识	Y	
				005	Excel 知识	X	
				006	PowerPoint 知识	X	
				007	电脑病毒知识	Y	

续表

行为领域	代码	鉴定范围 (重要程度比例)	鉴定比重	代码	鉴定点	重要程度	备注
专业知识 B (70%)	A	色谱仪器使用 (15:03:01)	16%	001	色谱理论概述	X	JD
				002	气相色谱检测器的应用	X	
				003	气相色谱载气	X	
				004	高效液相色谱的特点及分类	X	
				005	液相色谱仪的组成	X	JD,JS
				006	液相色谱输液装置	X	
				007	液相色谱进样装置	X	
				008	液相色谱检测器的分类	X	
				009	液相色谱检测器的应用	X	
				010	液相色谱梯度淋洗	X	
				011	液相色谱检测器的性能指标	X	
				012	色谱柱的类型	X	
				013	色谱柱的结构	X	
				014	分离与富集的方法及作用	Y	
				015	固相萃取技术的原理及优点	Y	
				016	固相萃取技术的应用	Z	JS
				017	固相萃取柱的类型及应用	X	
				018	柱后衍生装置及原理	Y	
				019	柱后衍生技术的应用	X	
	B	色谱指标测定 (11:02:01)	12%	001	气相色谱法测定卤代烃的检测指标	X	
				002	气相色谱法测定苯系物的检测指标	X	
				003	气相色谱法测定有机氯农药的检测指标	X	
				004	离子色谱法测定氟化物	X	
				005	离子色谱法测定氯化物	X	
				006	离子色谱法测定硝酸盐	X	
				007	离子色谱法测定亚氯酸盐	X	
				008	离子色谱法测定氯酸盐	X	
				009	离子色谱法测定锂	Z	
				010	离子色谱法测定溴酸盐	X	
				011	液相色谱法测定微囊藻毒素	X	
				012	液相色谱法测定苯酚类	X	
				013	液相色谱法测定邻苯二甲酸酯类	Y	
				014	液相色谱法测定呋喃丹	Y	
	C	分光光度仪器使用 (22:06:01)	23%	001	ICP-MS 联用技术的概述	Y	JD
				002	ICP-MS 联用技术的应用	Y	
				003	原子吸收光谱法的概述	X	JD

续表

行为领域	代码	鉴定范围（重要程度比例）	鉴定比重	代码	鉴定点	重要程度	备注
专业知识B（70%）	C	分光光度仪器使用（22:06:01）	23%	004	原子吸收分光光度计的原理	X	
				005	原子吸收光谱仪的组成	X	
				006	原子吸收分光光度法的应用	X	
				007	原子吸收光谱仪的操作方法及要点	X	
				008	原子吸收光谱仪的维护	X	
				009	原子荧光光谱法的概述	Y	
				010	原子荧光光谱法的原理	Y	
				011	荧光强度与被测物浓度之间的关系	Y	
				012	荧光猝灭与荧光量子之间的关系	Y	
				013	原子荧光饱和的概念	Y	
				014	氢化物发生法的原理及优点	X	
				015	金属—酸还原体系的适用范围及特点	X	
				016	硼氢化钠—酸体系的适用范围及特点	Z	
				017	氢化物发生的实际操作方法	X	
				018	氢化物发生中干扰的分类	X	
				019	氢化物发生中干扰的消除	X	
				020	氢化物原子荧光法与氢化物原子法的比较	Y	
				021	原子荧光分光光度计的进样系统的组成及原理	X	
				022	原子荧光分光光度计的气路系统的组成及原理	X	
				023	原子荧光分光光度计的光学系统的组成及使用方法	X	
				024	原子荧光分光光度计的原子化系统的组成及使用方法	X	
				025	原子荧光分光光度计的测光系统的组成及功能	X	
				026	原子荧光分光光度计的工作环境及实验条件	X	
				027	原子荧光分光光度计的操作与维护	X	
				028	原子荧光分析中注意事项	X	
	D	光谱指标测定（05:01:00）	5%	001	原子吸收法测定锌	X	JS
				002	原子吸收法测定银	X	JS
				003	原子荧光法测定砷	X	
				004	原子荧光法测定硒	X	JS
				005	原子荧光法测定汞	X	
				006	原子荧光法测定锑	Y	
	E	质量管理（12:02:00）	12%	001	质量控制的意义	Y	
				002	质量控制分析中误差的分类	X	
				003	质量控制图的绘制	X	

续表

行为领域	代码	鉴定范围 (重要程度比例)	鉴定比重	代码	鉴定点	重要程度	备注
专业知识B (63%)	E	质量管理 (12:02:00)	12%	004	平行样的测定	X	
				005	质量控制的数据处理	Y	
				006	校准曲线的概念	X	
				007	校准曲线的绘制	X	
				008	空白值的测定	X	
				009	真实值与平均值的概念	X	
				010	准确度与误差的关系	X	
				011	精密度与相对偏差的关系	X	JD
				012	检出限的估算	X	JD,JS
				013	精密度和准确度的检验	X	JD,JS
				014	有效数字修约	X	JD,JS
	F	生产指导 (00:00:02)	2%	001	耗氯量试验	Z	
				002	耗钒量试验	Z	

注:X—核心要素;Y——般要素;Z—辅助要素。

附录3 技师操作技能鉴定要素细目表

行业:石油天然气　　　　工种:水质检验工　　　　等级:技师　　　　鉴定方式:操作技能

行为领域	代码	鉴定范围 (重要程度比例)	鉴定比重	代码	鉴定点	重要程度	备注
技能操作A 100%	A	色谱分析 (03:03:02)	40%	001	使用液相色谱仪	X	
				002	使用气相色谱仪	X	
				003	使用离子色谱仪	X	
				004	测定溴酸盐	Y	
				005	测定氯化物	Y	
				006	测定亚氯酸盐	Y	
				007	测定微囊藻毒素	Z	
				008	富集微囊藻毒素样品	Z	
	B	光谱分析 (03:03:01)	35%	001	运行维护火焰原子吸收分光光度计	X	
				002	运行维护无火焰原子吸收分光光度计	X	
				003	运行维护原子荧光分光光度计	X	
				004	测定银含量	Y	
				005	测定锌含量	Y	
				006	测定硒含量	Z	
				007	测定锑含量	Y	
	C	质量控制 (02:01:02)	25%	001	绘制质量控制图	Y	
				002	应用质量控制措施	X	
				003	绘制校准曲线	X	
				004	进行耗氯量试验	Z	
				005	进行耗钒量试验	Z	

注:X—核心要素;Y——般要素;Z—辅助要素。

附录4 操作技能考核内容层次结构表

级别\项目	操作技能								时间合计
	检测前准备	配制和标定溶液	理化分析	分光光度分析	生化分析	色谱分析	光谱分析	质量控制	
初级工	25分 30~100min	30分 30~50min	45分 30~100min						100分 90~250min
中级工			40分 30~120min	40分 30~120min	20分 20~60min				100分 80~300min
高级工			20分 30~50min	45分 30~50min	15分 40~60min	20分 50~60min			100分 150~220min
技师						40分 90~180min	35分 90~180min	25分 90~120min	100分 270~480min

参 考 文 献

[1] 黄一石.仪器分析技术[M].北京:化学工业出版社,2000.
[2] 柯以佩,董慧茹.分析化学手册:第三分册,光谱分析[M].北京:化学工业出版社,1998.
[3] 刘虎威.气相色谱方法及应用[M].北京:化学工业出版社,2007.
[4] 夏玉宇.化验员实用手册[M].2版.北京:化学工业出版社,2005.
[5] 中国石油天然气集团公司人事服务中心.水质检验工[M].北京:石油工业出版社,2007.
[6] 刘珍.化验员读本:上册,化学分析[M].2版.北京:化学工业出版社,2004.
[7] 刘珍.化验员读本:下册,仪器分析[M].2版.北京:化学工业出版社,2004.
[8] 王林,王宝贞.饮用水深度处理技术[M].北京:化学工业出版社,2002.
[9] 陈焕文.分析化学手册:9A,有机质谱分析[M].3版.北京:化学工业出版社,2016.
[10] 郑国经.分析化学手册:3A,原子光谱分析[M].3版.北京:化学工业出版社,2016.
[11] 张玉奎.分析化学手册:6,液相色谱分析[M].3版.北京:化学工业出版社,2016.